Romano Battaglia

CIELO

Biblioteca Universale Rizzoli

Proprietà letteraria riservata
© 2000 RCS Libri S.p.A., Milano

ISBN 88-17-12890-2

prima edizione Superbur Narrativa: aprile 2002

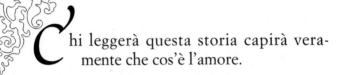

*C'*hi leggerà questa storia capirà veramente che cos'è l'amore.

Cielo

*S*ta nevicando. Dalla finestra il paesaggio appare tutto bianco. Il manto coprirà di candore paesi e città. Sotto la neve ogni vita sembra scomparire, eppure i semi sono lì, nell'oscurità della terra, in attesa della primavera: è proprio quel manto immacolato che li salva dal gelo e li risveglia. La stessa cosa accade per l'animo umano: la sofferenza e il buio interiore possono diventare l'occasione della rinascita di ciascuno di noi.

È una domenica mattina silenziosa, nelle strade non c'è nessuno. Sto mettendo in ordine i fogli pieni di appunti che in questi ultimi tempi si sono accumulati sopra il tavolo: contengono i vari momenti della mia incredibile vicenda.

Mi sono accorta che, per uno strano destino, nelle pagine dei poeti che amiamo, troviamo spesso la nostra verità e attraverso le loro parole ripercorriamo il cammino che ci ha condotti a un approdo al quale non pensavamo mai di poter arrivare.

Una poesia di Tagore sembra essere stata scritta apposta per me.

Nell'incerto sentiero di un sogno, andai a cercare l'amore che fu mio. La casa era in fondo a una via solitaria. Nella brezza della sera i piccioni erano tranquilli nell'angolo. Accese una lampada vicino alla porta e mi disse: «Stai bene?». Provai a rispondere, ma il nostro linguaggio era andato perduto, dimenticato. Mi tese la mano. La presi e rimasi in silenzio. La lampada oscillò nella brezza della sera e si spense.

Anch'io ero andata a cercare l'amore che fu mio per anni, ma un giorno la luce si spense in quella che, un tempo, consideravo la mia casa.

È in fondo a una via solitaria, delimitata da due file di lecci. Per arrivarci bisogna percorrere un lungo tratto di strada che da Tuscania corre verso la pianura, attraversando la zona archeologica fra i resti dell'antica civiltà etrusca. Quel terreno è un approdo di silenzi e di memorie, legati a un mondo misterioso che richiama turisti e studiosi da ogni angolo della terra. Proprio qui sono stati ritrovati i due dadi che hanno permesso agli archeologi di decifrare il sistema numerico di quel popolo che ha ancora molti lati sconosciuti. Un cammino attraverso il mistero, tra file di cipressi, sculture corrose dal tempo e resti di tombe dove giacciono da millenni i sogni, le speranze, le delusioni di uomini e donne che hanno amato e sofferto.

A volte non ho nemmeno il coraggio di fermarmi a guardare la mia casa, quella che era la nostra casa. La parola "nostra" mi fa sentire a disagio perché adesso non è più così.

Anche la sua facciata mi è ormai estranea, è come lo sguardo assente di una persona che mi fa capire che non ci apparterremo mai più.

Altre volte, invece, vorrei spiare dal cancello per vedere se tutto è ancora in ordine come un tempo, se il giardino è curato come quando c'ero io, se la pianta di biancospino è cresciuta, se ci sono ancora i piccioni silenziosi sotto la gronda. Mi piacerebbe rivedere gli arbusti delle rose, capire se hanno sofferto per la mia mancanza o se hanno tanti fiori come allora.

Il giorno in cui me ne andai, pioveva.

Nel giardino i piccoli frutti del gelso tremavano tra le foglie, sulla panchina bagnata giacevano petali di fiori appassiti. Era il loro commiato, un pianto di addio per tutto ciò che avevo amato. Per tutto quello che un tempo era stato mio: speranze, illusioni, volti amati.

Un tuono lontano e nuvole scure mi annunciarono che il temporale non sarebbe cessato. Una pioggia di foglie umide portate dal vento mi investì. Chiusi il cancello lasciando alle spalle il passato e mi incamminai lungo quella strada con le lacrime agli occhi. Ormai avevo deciso: avrei concesso all'uomo che amavo la totale libertà di amare un'altra.

So che molte donne non approveranno questa mia decisione, ma io ero consapevole che nessuno di noi due avrebbe potuto riaccendere quella fiamma che per tanto tempo aveva illuminato la nostra vita.

Adesso, ogni volta che in auto passo davanti a quella casa, rallento la corsa e i ricordi mi vengono incontro, uno dopo l'altro. Penso anch'io di aver agito in fretta, senza prima cercare di trovare un'altra soluzione, ma mi rendo conto, ancora una volta, che tutto sarebbe stato inutile. È per questo che non mi fermo mai davanti a quella casa: passando, faccio appena in tempo a leggere la targa dorata fissata sul pilastro destro del cancello:

PAOLO CUTI
ARCHITETTO

C'eravamo conosciuti un giorno di settembre, durante l'inaugurazione di una mostra di pittura, in una galleria della parte alta di Tuscania. Ad un tratto ci trovammo fianco a fianco, di fronte a una tela. I nostri sguardi si incontrarono. Il suoi occhi erano magnetici, inquietanti. Mi sentii quasi a disagio nel guardarlo. La decisione con la quale si avvicinò per parlarmi mi fece capire che si considerava una persona infallibile, era molto sicuro di sé e del suo fascino. Avrei voluto dirgli: "Guardi che questa volta si sta sbagliando, non pensi che possa diventare anch'io una sua facile preda".

«Ama anche lei le collettive?» disse. «Ci aiutano a fare dei paragoni, e ci danno modo di confrontare i diversi stati d'animo con cui gli artisti hanno affrontato la realtà della vita. Ci suggeriscono una comune chiave di lettura.»

«Non so risponderle. Sono entrata attirata dal

manifesto sulla facciata del palazzo. Non me ne intendo di pittura.»

«Io sono avvantaggiato dal fatto che conosco gli artisti e quindi posso cogliere tutte le sfumature dei loro mondi così diversi.»

«Non deve ugualmente essere facile comprendere il significato profondo delle loro opere.»

«Se le osserva attentamente, forse può scoprire il messaggio rivolto all'uomo e alla sua dimensione nei confronti del mondo. Spesso lo fanno con simboli misteriosi e inquietanti, altre volte con deserti di sabbia e silenzio.

«La vera arte non è quel che sembra, bensì l'effetto che ha su di noi. Trovo che negli artisti ci sia una profonda solitudine. Il loro sentire, non la ragione, è la misura della verità delle loro creazioni.»

Mi fissò in silenzio e in quell'attimo, credo, sentimmo di essere in sintonia. Era piacevole ascoltarlo, la sua voce era calda, intensa. Per il modo in cui si esprimeva e per le sue considerazioni, capivo che era una persona non comune. In certi momenti era spiritoso, divertente, in altri appariva invece triste e riflessivo.

Improvvisamente mi tese la mano. «Permette? Paolo Cuti.»

«Anna Velleda» risposi «la ringrazio perché mi sta insegnando a comprendere qualcosa di più della pittura. Anche lei dipinge?»

«A volte scarabocchio. Fa parte del mestiere: sono architetto. E lei?»

«Insegno italiano e latino in un liceo scientifico.»

«Immagino che anche lei appartenga a questa terra. Noi abbiamo nel sangue il gusto per l'arte e la poesia e forse anche un po' di mistero che ci viene dal nostro passato. Gli etruschi ci hanno lasciato in eredità queste caratteristiche. Erano un popolo alla continua ricerca di una propria identità. Coltivavano il culto dell'aldilà come speranza di un lungo viaggio oltre la terra.

«Le loro tombe rappresentavano la porta d'ingresso verso l'eternità. Lo sa che quasi mai si servivano di oggetti che non fossero passati attraverso la purificazione del fuoco? Infatti hanno lasciato soprattutto terrecotte e bronzi. Ma si sono dedicati anche alla pittura come complemento dell'architettura tombale. Usavano una tecnica simile all'affresco, con colori disciolti nell'acqua che venivano assorbiti dall'intonaco ancora umido. Non ha mai visto le immagini raffigurate sulle pareti di alcune tombe? Sostituiscono una realtà perduta. Si vuole cancellare il buio del sepolcro con le immagini della vita, della natura e del mondo animale, nel tentativo di risvegliare l'interesse dei defunti per la realtà quotidiana sulla terra. In ogni raffigurazione vi è una scintilla di divinità. Sono insieme passato, presente e futuro con un anelito verso l'infinito e l'eternità.

«Fin da ragazzo ho letto molti libri sulla vita degli etruschi e quando ne parlo mi lascio trasportare da riflessioni e paragoni. Ricordo una pittura tombale che raffigura un passero steso al suolo, con le zampe rivolte in alto mentre infuria un temporale: sembra quasi che voglia sorreggere il cielo. È il gesto simbolico di una piccola creatura di fronte al pericolo e all'immensità.

«Nelle sere di luna il paesaggio intorno ha qualcosa di magico: alberi alti, immobili, eterni e immutabili. I sarcofagi di pietra sembrano posti a guardia del tempo.»

«Sì, ha visto giusto, anch'io sono nata a Tuscania. I nonni possedevano una fattoria con molti campi e animali. Sono cresciuta a contatto con la natura e ricordo che ogni tanto, mentre i contadini aravano, si imbattevano in qualche frammento di pietra e di terracotta. Mio nonno avvisava subito le autorità e sul posto si recavano gli esperti per esaminare quegli oggetti venuti alla luce. È·vero, la terra emana un sapore forte di passato e in ogni angolo sembra si nasconda un mistero.»

Parlammo a lungo in quel pomeriggio tiepido e pieno di colori. Il nostro dialogo continuò anche dopo l'uscita dalla galleria, mentre scendevamo la gradinata che dalla Biblioteca Comunale porta nella piazza antica.

Ascoltando l'uomo che avevo appena conosciuto, mi rendevo conto che le parole più belle sono quelle che sentiamo pronunciare raramente, e Paolo aveva questa qualità, inoltre si esprimeva con chiarezza, aveva una bella voce, sapeva incantare con le parole.

Avvertivo di stare bene con lui. Un sentimento che può nascere d'improvviso, dal piacere di osservarci a vicenda, ascoltarci, capirci. Non accade come a un seme che per germogliare deve trovarsi nella stagione giusta: sboccia all'improvviso. È semmai come una pioggia fine che cade silenziosa sulla pianura e che in poco tempo può ingrossare i fiumi. Oppure come il vento che arriva violento durante un temporale e agita le grandi querce da lungo tempo immobili e silenziose sulla collina.

Mi vennero in mente molte immagini nel pomeriggio trascorso accanto a quell'uomo e, via via che le ore passavano, provavo nuove emozioni.

Il mio primo amore, quando avevo vent'anni, ebbe una breve durata. L'uomo che avevo incontrato non era sincero. La fiducia e la stima sono i due pilastri dell'amore e nel mio rapporto con lui non esistevano né l'uno né l'altro.

L'impalcatura cadde creando dentro di me una profonda ferita. L'amavo e avrei voluto trascorrere la vita sempre al suo fianco, ma non fu così. È impossibile nascondere l'amore quando c'è, o fingerlo quando non esiste più. Ci lasciammo.

«A volte sembra che i suoi pensieri corrano lontano» disse Paolo «a che cosa pensa? Forse la sto annoiando con i miei discorsi sull'arte?»

«Assolutamente no» risposi «non mi sta affatto stancando, quello che dice mi stimola e mi offre l'occasione di capire meglio le opere d'arte.»

Infatti, attraverso le sue parole immaginavo un mondo che mi affascinava e al quale mi sembrava di essere legata da sempre. Riandavo col pensiero ad episodi, momenti della mia vita, ed ero emozionata come quando si attende che accada qualcosa di meraviglioso.

«Ha qualche impegno per stasera, Anna?»
«No.»
«Posso invitarla a cena?»

Accettai. Scegliemmo una trattoria appena fuori dal centro cittadino, con pochi tavoli e ampie finestre dalle quali si poteva ammirare il paesaggio sottostante. Durante la cena parlammo di tutto con grande interesse. Entrambi avevamo un disperato bisogno di liberarci di ciò che avevamo dentro. Ci raccontammo le nostre esperienze passate, gli incontri sbagliati, ironizzammo sulla nostra vita di persone libere. Quelle parole erano come gocce di pioggia che cadevano su una pianura arida dove l'erba, con il tempo, si era seccata.

Dopo quel giorno ce ne furono altri, più lunghi, più intensi. Avevamo bisogno l'uno dell'altra. Ci innamorammo.

Ero giovane, animata dall'entusiasmo di chi affronta la vita con l'amore nel cuore. Desideravo riversare su qualcuno quella voglia di vivere che non volevo tenere dentro di me. Sentivo il bisogno irrinunciabile di dividerla con un'altra persona.

Furono giorni felici. Anche la natura era più bella, e tutto quello che a me appariva senza significato rinacque davanti ai miei occhi completamente rinnovato.

Ero convinta che tutte le creature del mondo nutrissero il desiderio del vero amore, e che anche una goccia di rugiada potesse amare quando, cadendo su un filo d'erba ingiallito, lo dissetava.

Capivo che l'amore è la forza più potente del mondo e che solo l'amore può dare il pieno diritto alla vita. Quando siamo in grado di dire sinceramente a una persona che la amiamo, è come se vivessimo ai confini dell'immensità. Quando siamo convinti di essere riamati, allora quei confini si dilatano all'infinito. Ci si convince che tutto durerà per sempre e che niente al mondo potrà distruggere quell'amore.

Trascorremmo un anno felice, il più bello della mia vita. Paolo era soddisfatto del suo lavoro, aveva nello studio tre giovani architetti pieni d'inventiva e volontà. Assieme avevano progettato importanti lavori nell'Italia del Nord e in futuro si sarebbero occupati del restauro delle mura della nostra città. Era fiero di loro e lo ero anch'io.

Lasciandomi trasportare da quella felicità, mi abbandonavo spesso a un filo invisibile capace di portarmi in alto come un aquilone, oppure mi lasciavo cullare dalle onde del mare che si abbassano e si sollevano come le vicende della vita. A volte si rompono una dietro l'altra, ma il mare non si esaurisce mai. Desideravo che il nostro amore fosse come il mare.

C'erano però anche momenti difficili in cui la fiducia in me stessa si riduceva alle dimensioni di un granello di sabbia. In quei periodi ti prende una strana inquietudine e il mondo ti appare come un immenso deserto pieno di delusioni. È l'attimo struggente di solitudine che ci fa sentire smarriti.

Non parlavo mai con Paolo di queste mie riflessioni. Non volevo che avesse di me l'immagine di una donna insicura, incline alla malinconia. Desideravo che mi considerasse forte, ottimista, non gelosa né possessiva.

Amavo Paolo ogni giorno di più. Vicino a lui il tempo volava. Le stagioni si rincorrevano, i fiori del giardino sbocciavano e poi seccavano, gli alberi stormivano nel vento della primavera e dell'autunno con la stessa intensità e dolcezza.

Ci dicevamo tutto della nostra vita. Vivevamo l'una per l'altro e tutto il mondo sembrava essere dalla nostra parte.

"Per tutto il tempo che vivrò" mi ripetevo "il mio amore per lui non cambierà mai." Forse esageravo a pensare così, ma non volevo frenare l'acqua del fiume che stava spingendo la macina del mulino. Lasciavo che la ruota facesse il suo giro separando le cose buone da quelle cattive, come pula dal grano.

Un giorno Paolo mi confessò che quando mi teneva fra le braccia capiva che saremmo stati compagni per tutta la vita. Diceva che il vero amore non ha mai cedimenti e non finisce per un colpo di vento.

«Ti amo» ripeteva spesso «cercheremo assieme di mantenere vivo questo amore sino a quando saremo vecchi.»

Parlavamo usando le frasi che si dicono gli innamorati e spesso ci rallegravamo per essere diventati poeti, come tutti quelli che si amano.

Un pomeriggio mi propose di fare una gita a Bolsena. Accettai con gioia.

Eravamo agli inizi dell'estate e faceva caldo. Nei campi le messi erano mature e pronte per il raccolto. Il sole accentuava il giallo intenso della pianura coperta di spighe.

Paolo era attraente, con il viso abbronzato, la camicia celeste aperta sul collo e le maniche arrotolate sopra gli avambracci.

Mi piaceva osservarlo quando lui non se ne accorgeva. Amavo le sue mani così delicate quando mi accarezzavano, il suo viso e i suoi occhi sorridenti che trasmettevano felicità. Era bello vederlo sorridere con quei grandi occhi neri. Anche i suoi atteggiamenti erano particolari: gli permettevano di sentirsi a proprio agio in tutte le situazioni e con qualsiasi persona.

Seduti su una panchina in riva al lago, mentre il vento increspava la superficie dell'acqua, restammo in silenzio ad ascoltare il fruscìo delle canne.

Mi venne da pensare che Dio era forse come quel leggero vento che passava dappertutto senza essere visto: Lui non ha bisogno di essere raccontato, ma vissuto.

Rimanemmo per parecchio tempo a contemplare i riflessi nell'acqua come segni evanescenti dei movimenti della vita.

Il tempo passava in fretta ed io ero sempre più felice.

Durante le feste di Natale e di Pasqua stavamo tutti assieme con mia madre, la sorella e il padre di Paolo, gli amici più cari. Intorno al fuoco del camino ci raccontavamo fatti della vita e parlavamo del nostro matrimonio.

*C*i sposammo in un giorno di maggio.

Le colline erano tutte verdi e la grande acacia davanti alla porta della mia casa sembrava una nuvola bianca. Le amiche più care mi aiutarono a vestirmi mentre mia madre preparava il caffè per tutti. Ero emozionata.

Vennero i vecchi compagni di scuola, gli insegnanti, don Alberto, le amiche di mia madre. La chiesa era piena di fiori, i ragazzi della scuola di canto eseguirono le più belle melodie adatte per l'occasione, la messa fu commovente. C'erano mazzi di rose lungo il passaggio, la navata centrale era come un giardino e l'altare appariva grande quanto il mio amore per Paolo.

Indossavo un abito bianco, avevo un fiore appuntato tra i capelli e mi tremavano le gambe per l'emozione. Non ricordo le parole del sacerdote mentre benediceva la nostra unione, guardavo Paolo al mio fianco, in doppiopetto grigio e camicia bianca di seta con i gemelli d'oro: era bellissimo.

Mia madre singhiozzava, le amiche si asciugavano le lacrime, i parenti avevano gli occhi lucidi.

Quando uscimmo sulla piazza il mio abito bianco si agitò leggero nel vento. Suonavano le campane, una pioggia di chicchi di riso cadde su di noi e Paolo mi strinse a sé baciandomi a lungo. In quel momento tutti i cieli del mondo si aprirono e mi sembrò di salire in uno spazio azzurro senza fine.

Un bambino mi donò un mazzo di fiori e un uomo anziano mi abbracciò. In quel momento mi venne in mente mio padre che non c'era più. Sarebbe stato felice di vedermi sposata e mi avrebbe ripetuto quanto mi diceva spesso: «Quando un giorno te ne andrai da questa casa, sappi che per noi sarai sempre la nostra bambina. Ti abbiamo cresciuto in maniera semplice cercando di farti capire quali sono i valori della vita. Ama l'uomo che sceglierai perché nulla è più importante dell'amore».

Pranzammo in un ristorante caratteristico, immerso nel verde della campagna.

L'ambiente era accogliente, i cibi semplici.

Attraverso i vetri delle ampie finestre si vedevano i paesi arroccati sui poggi e i profili sinuosi delle colline che digradavano fino a perdersi nella valle.

Una piccola orchestra suonava, Paolo ed io ballammo un valzer lento, ci ritrovammo l'uno stretto all'altra, abbracciati.

La festa terminò al tramonto.

Per il viaggio di nozze scegliemmo la Spagna: era il sogno di entrambi. Ne avevamo parlato tante volte. Io desideravo conoscere l'Andalusia, la terra dei toreri, patria di García Lorca, e Paolo voleva assolutamente raggiungere Toledo, città d'origine di sua madre, che aveva perduto quando era appena un ragazzo.

Il sogno si avverò e ci ritrovammo lungo i sentieri dei nostri desideri.

Visitammo Siviglia raggiungendo poi Palos, dove assistemmo alla messa di mezzogiorno nella chiesa di San José. Avevo letto nei libri del poeta García Lorca che quella particolare atmosfera spirituale, una volta vissuta, sarebbe rimasta per sempre nel nostro cuore. Durante la messa le chitarre accompagnarono i canti andalusi e alla fine, sulla piazza, alcuni giovani ballerini danzarono la Sardana.

Nelle botteghe dove si beveva vino bianco, i giovani, dopo avere appoggiato sui tavoli di marmo i libri della messa, brindavano alla vita.

Respirammo quell'atmosfera per una giornata intera e prima di partire alla volta di Toledo anche noi brindammo al nostro amore in una di quelle botteghe.

A Toledo, città piena di fiori alle finestre e di profumi rari, Paolo riuscì a trovare la casa dove era nata sua madre. Era una vecchia costruzione bianca con un grande patio e un giardino fitto di piante di salvia e rosmarino. Chiese notizie alle persone che abitavano nelle vicinanze e trovò una donna molto anziana che gli parlò di sua madre, di quando era una ragazza. Paolo rimase a lungo ad ascoltarla e i suoi occhi si inumidirono.

«Chissà come sarebbe contenta nel vedermi sposato a te» disse con voce tremante per l'emozione. «Ho vissuto assieme a lei per poco tempo perché morì quando avevo appena quindici anni. Era una donna dolcissima, ricordo il suo sorriso, i suoi lunghi capelli, la sua pelle bruna.»

«Perché non mi hai parlato di tua madre più a lungo? Il tuo amore per lei è anche il mio. Ho un'amica che ogni domenica va a portare un fiore sulla tomba dei genitori dell'uomo che ama. Non lo fa per apparire migliore agli occhi di lui, ma soltanto per amore.» La città mi parve la più bella del mondo, proprio perché aveva dato i natali alla madre dell'uomo che amavo. Ogni angolo era unico e irripetibile, ogni strada, nella mia immaginazione, portava lontano.

Il nostro viaggio in Spagna durò quindici giorni durante i quali riuscimmo a visitare diverse città dell'Andalusia e della Castiglia. Un lungo percorso carico di emozioni e di memorie in quei luoghi che conoscevamo soltanto attraverso i libri o per averli visti alla televisione. Paolo era contento di aver potuto toccare le mura e gli oggetti che erano appartenuti a sua madre e io ero appagata di aver vissuto quell'esperienza assieme a lui.

Al ritorno, lungo le strade bianche della Costa Brava, ci fermammo in un piccolo villaggio di baracche di legno, abitato da pescatori e intorno al tavolo di una vecchia locanda ascoltammo storie e leggende legate al mare. Ci rimase impressa quella che parlava del cieco.

Alcuni pescatori di un piccolo villaggio della costa, quando uscivano in mare per la pesca, portavano sempre con sé sulla barca un vecchio cieco che amava il mare.

L'uomo rimaneva silenzioso, a prua, seduto su un mucchio di corde e cercava di immaginare la grande distesa di acqua che avvertiva essere lì davanti.

Un giorno chiese ad uno dei pescatori: «Com'è il mare?».

«È azzurro» rispose il pescatore.

«E l'azzurro com'è?» riprese il cieco.

«È come il cielo.»

Allora il cieco volle sapere com'era il cielo. Il pe-

scatore allargò le braccia più che poté e rispose: «È immenso così».

Il cieco percorse con le sue mani le braccia aperte del pescatore ed esclamò: «Adesso so com'è il mare».

Quando morì lo trovarono nella sua baracca con le braccia aperte, grandi quanto è grande il mare.

Quando ci alzammo per riprendere il viaggio, il più vecchio di loro ci venne ad accompagnare alla porta e, salutandoci, ci strinse la mano e pronunciò una frase: una specie di confessione che metteva chiaramente in evidenza il suo stato di solitudine: «Avere un posto nel cuore di qualcuno» disse «significa non essere mai soli».

Al ritorno fu come riemergere da un mondo incantato che ci aveva fatto provare un'infinità di emozioni. Rientrammo nella nostra città con il cuore felice, pronti a riprendere la vita di tutti i giorni.

Eravamo di nuovo a Tuscania.

Per qualche tempo abitammo nel centro della città, poi comprammo la casa in campagna, vicino alla zona archeologica. Ricordo il giorno che andammo a vederla. Ero emozionata, mi sembrava di averla già abitata, la sentivo mia. Era una vecchia abitazione colonica, circondata da alberi e campi di grano, poco lontana dalla chiesa di Santa Maria Maggiore. C'erano ancora i fienili e le stalle. Mi colpirono i piccioni silenziosi sotto la gronda. Erano rimasti anche se i vecchi proprietari avevano abbandonato la casa da tempo.

Per arrivarci dovevamo percorrere una via solitaria delimitata dai lecci e dalle siepi sempreverdi.

Quante volte l'ho percorsa! Con il vento e con la pioggia, in estate e in inverno, sapevo il numero degli alberi che si susseguivano in schiera dall'inizio alla fine del viale. Spesso li contavo mentre salivo e alle mie spalle si allargava la vista della campagna.

Paolo si mise subito al lavoro per renderla abitabile e al tempo stesso conservarla nella sua struttura originale. Disegnava particolari e me li mostrava.

«Tutto deve rimanere come era all'origine» diceva.

«Compreso il vecchio forno a legna dove una volta si cuoceva il pane?» domandai.

«Certamente.»

«Sono emozionata, Paolo: sta nascendo il luogo dove trascorreremo la nostra esistenza, dove cresceranno i nostri figli a contatto con la natura, la vera maestra che non tradisce.»

Non dimenticherò mai quelle sere passate a

progettare e il giorno in cui ci trasferimmo definitivamente in quel paradiso.

Di notte, dalla veranda, si vedevano brillare su un pianoro lontano le luci della città. Con il chiaro di luna si scorgevano anche le mura miracolosamente ancora erette, nonostante il terremoto del 1971 che aveva distrutto molti edifici importanti.

Mi piaceva osservare, accanto a Paolo, l'eterno avvicendarsi delle stagioni nei mutamenti della natura. Rimanevamo a lungo ad osservare i piccioni che popolavano il giardino con il loro tubare e i loro silenzi. Era bello seguirli durante la stagione degli amori: il maschio roteava intorno alla sua compagna gonfiando il petto e modellando le ali come se volesse abbracciarla e farsi notare.

La lunga corte finiva con l'accoppiamento e la deposizione delle uova. La gronda della casa ospitava i loro nidi, i loro richiami, il loro amore.

Era il miracolo della natura che si rinnovava in ogni stagione. Anche noi attendevamo quel miracolo: la nascita di un figlio che avrebbe completato la nostra vita offrendoci un'eterna primavera.

Paolo era affascinato da quel luogo frequentato anticamente dagli etruschi, un popolo dedito alle pratiche religiose, alla magia, ai prodigi.

Pareva stregato da quella terra arcana, custode di enigmi e protettrice di tesori nascosti, da quella campagna silenziosa, ricca di campi di grano, di ulivi, disseminata di necropoli tra la vegetazione spontanea.

Una sera di giugno, dopo che alcuni amici se ne erano andati, Paolo ed io sedemmo l'uno accanto all'altra in veranda. La luna illuminava i declivi e la pianura, il bosco era silenzioso.

Paolo mi baciò la fronte ed io appoggiai la testa sulla sua spalla. Mi narrò dei suoi studi sul popolo etrusco, di sfingi e di centauri, di animali alati raffigurati sulle pareti delle tombe. Mi parlò di demoni inquietanti che nelle notti di luna si aggirano nella pianura stringendo fra le mani il libro del destino.

«Credi alla fatalità?» gli domandai.

«Credo che esista una forza misteriosa che ci guida ogni volta che la nave della nostra vita sta naufragando in mezzo alla tempesta. Nel momento in cui le vele sembrano non resistere e le onde minacciano le fiancate, un vento improvviso si leva a raddrizzare l'albero maestro e il timone spinge la nave in direzione diversa da quella che avevamo scelto, per farci raggiungere un porto sicuro.

«Gli etruschi traevano presagi dal volo degli uccelli, dal vento, dai fulmini e sentivano costantemente sopra di sé il peso delle misteriose forze del destino. Quando le tempeste si abbattevano sulla terra, credevano che gli dèi fossero adirati con l'uomo e immaginavano che Tinia, dio della folgore, scagliasse saette sul mondo, mentre Uni, dea dell'amore, cercava riparo nelle spelonche tra gli alberi. La dea madre, invece, protettrice della donna, invocava la forza dei venti per allontanare le nuvole che velavano in cielo la divinità lunare.

«Nel frammento di una statua etrusca è scritto: "Mi chiamo Vertumno, sono il dio della vegetazione, nessun fiore si apre nei prati senza venire ad ornare la mia fronte per appassirvi". Una leggenda narra che da un profondo solco scavato da un contadino nel territorio dei Tarquini, uscisse una divinità che disse di chiamarsi Tagete. Aveva l'aspetto di un bambino. Il contadino si stupì talmente che, per la sorpresa, incominciò ad urlare. Accorsero i vicini e in poco tempo si formò una grande folla. Allora Tagete parlò agli abitanti dell'Etruria lì riuniti, illuminandoli sul loro futuro.»

Paolo conosceva bene quel popolo. Passava intere notti a documentarsi sulla storia degli etruschi. Erano diventati i suoi interlocutori, i maestri antichi che continuavano a diffondere nel ricordo il loro sapere e la loro saggezza.

«Vedi» diceva «l'amore per i libri è un lasciapassare per il più puro e grande piacere che Dio ha dato all'umanità. Ti terrà sempre compagnia quando non avrai più svaghi. Ti darà gioia per tutta la vita. Scusami per queste mie considerazioni, non voglio apparire importante. Lo faccio perché desidero che tu conosca tutto ciò che fa parte del mio mondo.»

Il fascino di quei racconti rendeva la notte carica di magia e mentre lo ascoltavo lui mi stringeva la mano. Avrei desiderato che rimanessimo così per sempre, avvolti dall'incanto della notte a parlare di vecchie leggende, di divinità, di esseri fantastici.

Ogni fine settimana andavamo in giro per la campagna soffermandoci nei paesini più sperduti alla ricerca di oggetti antichi: mobili, suppellettili per l'arredamento. Erano gite che profumavano di erbe, pane appena cotto nei forni a legna e piante selvatiche.

Paolo era testardo e perfezionista: doveva trovare a tutti i costi ciò che aveva in mente. Con quei suoi modi gentili, una volta riuscì persino a farsi vendere da una donna anziana una cassapanca che teneva nell'ingresso e che per lei forse rappresentava un passato di ricordi. Paolo era un uomo accattivante e l'anziana signora ne rimase affascinata. Era felice di avergli dato qualcosa di suo e soprattutto che una simile persona si fosse intrattenuta a parlare con lei.

Durante quelle lunghe gite di fine settimana ci fermavamo spesso nelle vecchie trattorie dove si mangiava ancora come una volta. Dal verde intenso della campagna etrusca sembrava salisse il respiro antico di civiltà sepolte. «Osserva il terreno qui intorno» mi disse una volta «è vecchio, ha migliaia di anni. Per individuare i luoghi dove si trovano le tombe bisogna fotografare dall'alto la zona con obiettivi speciali e dai diversi colori del terreno si riesce ad individuare dove sono nascosti i resti della civiltà etrusca.»

Durante una di quelle gite Paolo mi portò a visitare un luogo nei pressi di Tarquinia. Un lungo spiazzo dove pascolavano le pecore e le capre.

Si diceva che quella zona celasse sotto di sé la parte più antica della città e voci diffuse tra gli abitanti parlavano di tesori nascosti, di statue, di vasi e di altri oggetti appartenuti alle grandi famiglie del tempo.

Proprio lì Paolo aveva scoperto una tomba dalle pareti affrescate. Non ne aveva parlato con nessuno. Era un suo segreto. All'interno tutto era così delicato che anche il respiro avrebbe potuto intaccare i colori già sbiaditi.

«Una volta nella necropoli dell'Ulivo» mi raccontò Paolo «la figura di una donna scomparve all'improvviso. Dicono che fosse una regina»

Entrammo attraverso lo stretto cunicolo in punta di piedi per non risvegliare dal sonno eterno i due innamorati che avevano voluto concludere il viaggio della loro vita tenendosi per mano. Il dipinto li ritraeva con il viso sorridente, sullo sfondo di un cielo azzurro. Nei loro grandi occhi c'era l'immensità. Poco distante era raffigurata una culla con un bambino, il segno tangibile del loro amore.

Il bambino aveva gli occhi colore del cielo.

«Qui tutto è delicato, fragile come il vetro» disse Paolo e mi illustrò brevemente in che occasione e come era venuto a conoscenza dell'importante reperto.

Incominciò a spiegarmi il significato di quella tomba misteriosa: «La storia narra che l'uomo e la donna si amavano e per quel loro grande sentimento morirono assieme durante una guerra. Varcarono i confini della vita con il sorriso sulle labbra e quel bambino nella culla era il messaggio che lasciavano come testimonianza del loro amore. Il cielo sembrava reggersi sul respiro di quella piccola creatura.

«La fine del loro viaggio sulla terra li aveva portati al di là del tempo; si erano tenuti per mano sino all'ultimo istante per continuare il viaggio oltre la vita, oltre l'amore.»

Per il colore delle pareti dove campeggiavano le figure e gli occhi azzurri di quel bambino nella culla, chiamammo quella tomba "Porta del cielo": diventò il nostro posto segreto. Eravamo affascinati da quella tomba misteriosa che ogni volta ci stupiva.

Tutte le volte che ne parlava, Paolo era rapito da quelle immagini, ed io ascoltavo le sue parole in silenzio riflettendo sul significato di quella visione. Ero profondamente affascinata dal sorriso dei due innamorati e da quel cielo azzurro.

Quando uscivamo dal cunicolo, spesso stava per calare la sera: un grande sole rosso illuminava la collina dove altre tombe nascondevano altre storie d'amore, leggende, segreti.

«Anche tu, Anna, saresti capace di tenermi per mano sino all'ultimo istante della vita?»

«Sì, Paolo, rimarrei con te ad affrontare qualsiasi pericolo e ti seguirei ovunque cercando di rendere serena la tua esistenza. Conosco una leggenda che rispecchia questo sacrificio estremo dettato dall'amore»

Un uomo povero in punto di morte chiamò a sé la sua donna e le disse: «Ti lascio in eredità soltanto pochi denari, ma tutto il mio grande amore. Vorrei che negli ultimi attimi di vita questa povera capanna si riempisse di luce per poterti ammirare sino all'ultimo istante». La donna con i pochi soldi dell'ere-

dità corse a comperare una lampada, l'accese e la stanza si illuminò a giorno. L'uomo, dopo aver guardato per l'ultima volta il volto della sua donna, sorrise e morì.

«Mi piacciono le leggende. Ti starei ad ascoltare per delle ore. Con te mi sento bene, libero dentro come non lo sono stato mai. Mio padre e mia madre mi hanno fatto crescere con molti sensi di colpa che hanno pesato su tutta la mia vita. La paura ti fa diventare anche bugiardo perché temi che la tua verità non venga capita. Con te, invece, parlo, mi libero di tutte le angosce senza timore di essere giudicato o condannato.»

Parlavamo a lungo durante quelle gite. Ci ascoltavamo ed eravamo felici. Tutto ciò che avevo sognato da ragazza si stava avverando. Amavo Paolo e con lui mi sentivo realizzata.

Il suo carattere non era facile: a volte era scontroso, altre ombroso e permaloso. Possedeva però la qualità innata della simpatia e della gentilezza. Dimenticava presto le arrabbiature e tornava subito di buon umore. Il suo sorriso apriva per me tutte le porte del mondo e mi infondeva una grande forza.

Provavo un po' di soggezione nei suoi confronti, lo confesso. Temevo di non essere alla sua altezza, che si potesse stancare di me, di non potergli dare abbastanza. Avvertivo la sua superiorità.

A volte mi domandavo: "Come riuscirò a farmi amare per sempre? Per sempre vuol dire per tutta la vita".

Lo viziavo e lo proteggevo, per lui non ero mai stanca, mai triste. Il mio amore era come una pioggia fine che cade in silenzio sulla pianura, ma che può far straripare i fiumi. L'amavo troppo.

Paolo ripeteva spesso che tra noi due io ero la più forte senza capire che non avrei saputo vivere senza di lui. Lo accontentavo in tutto, cercavo di aiutarlo in maniera tale che non si rendesse conto che quella che definiva "forza", era semplicemente il mio grande amore. Per lui ero diventata la moglie e la sorella, la madre e l'amante, l'amica.

Una donna si sente realizzata e sicura di sé soltanto se si perde nell'amore del suo uomo. E quello era il mio punto debole: vivere esclusivamente per Paolo. Lui era il sole e la luna, la primavera e l'inverno, la notte e il giorno.

Quando due persone, incontrandosi, si accorgono di essere fatte l'una per l'altra, vengono unite da un legame che sembra non debba mai sciogliersi. Essere capaci di amare è l'unica illusione per poter vivere eternamente e per divenire quelli che forse non siamo stati mai.

Non volevo che Paolo si sentisse vincolato, dovevamo essere liberi di confidarci tutto. Confesso che non è stato sempre facile per entrambi. Lui come uomo doveva mettere a nudo la sua coscienza ed io essere sempre pronta a capire e perdonare.

Con il passare del tempo avevamo imparato a non nasconderci nulla, a sentirci liberi, senza timore di farci del male. Ero convinta che tale comportamento ci avrebbe aiutato a mantenere vivo il nostro rapporto.

Ho sempre pensato che la verità abbia un prezzo molto alto, ma quando ti accorgi che affrontandola ritrovi la serenità, capisci che diventa una necessità di vita.

Quante persone vivono male perché non hanno il coraggio di esternare tutto quello che si portano dentro per timore di ferire gli altri.

Non è il vivere su un'isola deserta che ci allontana dalle persone care, bensì il vuoto di sentimenti che è dentro di noi e che ci fa sentire sperduti e assenti, anche se siamo vicini.

Non dovremmo mai accettare compromessi che ci costringano a vivere strisciando quando sentiamo il bisogno di innalzarci e di volare. Passiamo una sola volta da queste parti e, se non troviamo il coraggio di cambiare, avremo perso per sempre il treno della vita.

Quante persone tirano avanti sperando che un giorno tutto sarà diverso, ma quel doloroso compromesso, in realtà, se lo portano dentro sino alla fine. Per loro bisogna avere una grande pietà, perché hanno sofferto in silenzio, annullandosi, per non ferire la persona con la quale sono vissuti.

Per noi nessuna decisione era una rinuncia. Capivo che Paolo avrebbe potuto trovarsi in situazioni che potevano indurlo a desiderare nuove emozioni. Dovevamo solo avere il coraggio di discuterne e quelle esperienze sarebbero diventate banalità.

Ricordo una sera in cui Paolo, tornando a casa, mi confessò di essere stato con un'altra donna. Rimasi stupita, ma non mi sentii ferita.

«Hai voglia di parlarne?» chiesi «dove l'hai conosciuta?»

«Nel mio studio» rispose. «È venuta per un progetto di ristrutturazione di una vecchia fattoria. È tornata più volte e non ho saputo resistere alle sue provocazioni.»

Mentre ne parlava avvertivo l'imbarazzo, che si sciolse lentamente quando capì di non essere giudicato e tantomeno disprezzato.

«Mi rendo conto di essere stato un po' sciocco perché non ho mai provato niente per quella donna. Penso che sia stata la vanità, il voler dimostrare a me stesso di essere ancora piacente e provare una certa sensazione di libertà. Che stupido sono stato. Vero Anna? Io amo solo te.»

Stetti ad ascoltarlo e compresi che era sincero. «Dimmi la verità, ti trovi bene con me?»

«Certo che sto bene con te, quello che è successo è stato un banale incidente. L'uomo cade in questi tranelli di poco conto perché vuol dimostrare a se stesso di essere attraente e virile. Ti chiedo scusa. Tu sei l'unica persona che amo, questa è la nostra casa, tutto il resto ha poca importanza.»

Ci abbracciammo. Era un modo come un altro per ringraziarlo della fiducia che aveva riposto in me parlandomene. Credo che la maggior parte delle donne non riesca a giustificare questo mio atteggiamento.

Si è sempre pronti a pensare al tradimento, a sentirsi messi da parte. Che cosa può ferire maggiormente una donna? Il pensare che un'altra sia migliore, più bella e simpatica o che il suo uomo abbia potuto dirle: "Ti amo"?

Sono dolori umanamente comprensibili, ma superabili se abbiamo fiducia nell'uomo che amiamo.

Forse è più giusto lasciarsi ingannare che perdere, anche per una sola volta, la fiducia in chi ci sta vicino.

Ho sempre pensato che i segreti sono pericolosi

perché possono cambiarti, abituandoti a diventare bugiardo e falso. Con il passare del tempo questi sentimenti ti dispongono male nei confronti della persona che ti ha costretto a rifugiarti nella menzogna perché non ha saputo capirti e avere fiducia in te.

Forse i soli amori che resistono al mutare delle stagioni sono quelli che si trasformano in amicizia.

Ero cresciuta con la convinzione che si deve sempre avere fiducia, una specie di insegnamento che mi aveva lasciato in eredità mio padre. Mi diceva di credere sempre, anche quando la situazione non è del tutto chiara. Solo così avrei potuto affrontare la verità senza lasciarmi prendere dalla disperazione.

Credo che l'amore e il dolore siano nati assieme, in un giorno di pioggia, mentre tra le nuvole cupe spuntava il sole. È un confine difficile da stabilire. È il segreto che consente a due persone di rimanere assieme per tutta la vita.

Lasciavo a Paolo tutti i suoi spazi, la libertà che desiderava. Volevo che non si sentisse in gabbia, costretto, oppresso, controllato. Rispettavo il suo modo di pensare e di vivere.

Amare significa credere a tutto quanto l'altro ci dice, sopportare, sperare, accettare. Vivevo la mia storia con questa convinzione che a molte donne sembrerà assurda. Non desideravo nulla che non venisse veramente dal cuore di chi me l'offriva.

Non ho mai creduto a coloro che dicono di non essere mai stati gelosi. In realtà non sono mai stati innamorati.

Sono venuti anche per me giorni pieni di rabbia e di dolore, ma poi ne ho vissuti altri traboccanti d'amore che, come un vento di primavera, mi hanno dato il coraggio di andare avanti.

E quel coraggio io l'ho dovuto trovare quando, dopo ripetuti esami clinici, conobbi l'amara realtà: non potevo avere figli. Ero irrimediabilmente sterile.

Piansi, mi disperai, non avrei mai potuto portare in grembo il dono più grande per l'uomo a cui avevo dedicato la mia vita: un figlio. Lo avevo tanto desiderato, idealizzato nella mia mente, immaginato nella nostra casa, ma la porta della cameretta, che avrebbe dovuto essere la sua, sarebbe rimasta per sempre chiusa.

Fu un duro colpo sia per me che per Paolo. Questa situazione in lui creò sconforto, in me umiliazione e amarezza.

Cercava di consolarmi, asciugava le mie lacrime. Mi stringeva forte forte le mani e mi accompagnava a passeggiare in giardino.

«Guarda i fiori» mi diceva «si schiudono in tutto il loro splendore amandosi e non hanno bisogno d'altro per sbocciare. Forse a noi non è stato concesso di avere figli perché siamo completi anche così. Il solo nostro amore basta a riempirci la vita.

«Stai vivendo un periodo difficile, ma non devi abbatterti. È l'occasione buona per impegnarti di più in qualcosa che arricchisca il tuo mondo interiore, aiutando una persona che ha bisogno, oppure dedicandoti a chi soffre. Devi far nascere in te una nuova speranza perché solo così il mondo tornerà a sorriderti.»

Paolo si sforzava di togliermi dalla mente quel pensiero che rendeva molto tristi le mie giornate. Ero cambiata, non vedevo più le cose come un tempo. Il cielo non mi sorrideva più. Ero convinta che anche i piccioni da sotto il tetto fossero volati via e il giardino mi appariva triste, come sfiorito all'improvviso.

Spesso mi tornava alla mente quella tomba etrusca che avevo visitato più volte assieme a Paolo. Rivedevo i volti sorridenti dell'uomo e della donna che si tenevano per mano anche nell'altra dimensione. Il loro legame aveva sfidato il tempo, era andato oltre l'amore.

Ripensavo alla culla con quel bambino dagli occhi azzurri. Era la testimonianza tangibile del loro amore che lasciavano alla vita terrena.

Quella gioia a me non sarebbe mai stata concessa. Piangevo.

Di notte sognavo spesso mio padre. Aveva lo stesso viso sorridente e sereno di quando era in vita. Il suo sguardo sembrava volermi infondere coraggio come quando ero bambina e qualche piccolo dispiacere mi turbava. Per consolarmi mi diceva che al di sopra delle nuvole grigie c'è sempre il sole a illuminare il mondo.

Non fu facile superare quel periodo. Apparentemente continuavamo ad essere gli stessi, la nostra vita sembrava trascorrere con ritmo uguale a quello dell'acqua del fiume che durante il tragitto in pianura non incontra ostacoli. Invece era caduta una grossa frana a monte e l'acqua si era fermata. Da un momento all'altro avrebbe potuto rovesciarsi a valle in un'ondata impetuosa e distruggere i raccolti.

Vivevo nella paura che qualcosa potesse essere cambiato perché avvertivo che tra noi si era creato un indefinibile imbarazzo. Per la prima volta sentivo che Paolo non trovava il coraggio di dirmi la verità.

Fra due esseri che si amano non dovrebbe esistere nessuna distanza: fra noi si era invece stabilita una barriera di solitudine che prima non c'era. Il silenzio stava diventando insopportabile. Anche a tavola non parlavamo, per paura di affrontare sempre lo stesso problema.

In fondo nessuno dei due era colpevole se non potevo avere figli. Il destino aveva voluto così. La medicina non era ancora progredita come oggi in questo campo.

La parola "sterilità" mi aveva sempre terrorizzato sin da quando ero bambina. Un giorno, a scuola, l'insegnante di religione lesse un brano della Bibbia in cui era scritto che la donna sterile era come un ramo secco oscillante al vento senza produrre fiori a primavera, né frutti d'estate. Il figlio invece era la continuazione di sé, la vita che non finiva, l'amore che si materializzava.

«Mi piacerebbe fare un viaggio con te. Noi due soli» mi disse un giorno Paolo.

Non sapevo cosa rispondergli: stringevo con le mani un lembo della tovaglia, mentre lui era seduto di fronte a me con i gomiti poggiati sul tavolo in attesa di una risposta affermativa.

«Concediamoci una vacanza, ne abbiamo bisogno. Tempo fa mi dicesti che ti sarebbe piaciuto visitare la Sicilia. Se vuoi, possiamo andarci prima della fine di questo mese.»

Accettai e lui mi accarezzò in segno di affetto.

Per l'occasione comprai dei vestiti nuovi, volevo essere elegante per fargli piacere. Desideravo che mi apprezzasse, che mi trovasse ancora interessante, soprattutto in quel periodo.

Non avrei mai potuto accogliere in me il germe di una nuova vita, ormai ne ero certa. Questo mi addolorava e nello stesso tempo mi riempiva di sensi di colpa. Temevo che Paolo si sarebbe allontanato da me, avevo paura di perdere le sue carezze, le sue attenzioni, la sua considerazione. Soffrivo in silenzio, ma soffrivo.

Mi rivedo sul traghetto che ci portava in Sicilia. Provavo una sensazione di libertà nel contemplare l'immensità del mare e la vastità del cielo. La vegetazione aveva i colori tenui dell'autunno, i profumi ci inebriavano, sulle scogliere si posavano stridendo i gabbiani.

Visitammo Messina, Tindari, Roccalumera, Taormina. A Catania ci fermammo poco. Ci spingemmo sino all'antica necropoli di Pantalica dove le pareti della montagna sono piene di finestrelle, ultima dimora di coloro che avevano abbandonato la vita terrena.

Viaggiammo a lungo nei posti più sperduti dell'isola e da ultimo visitammo Siracusa. Fra le rovine dell'anfiteatro strappai un rametto di geranio. Lo portai con me nel viaggio di ritorno per piantarlo nel nostro giardino.

Cercavo di riempire il vuoto della mia vita. Mi dedicai alla natura, imparai il nome dei fiori e delle piante, il periodo della fioritura, come seminare, come potare.

Lessi di un miracolo che si ripeteva ogni giorno in una fattoria posta sopra una collina vicina a Como. Ospitava ragazzi difficili che guarivano con l'aiuto della natura.

A ciascuno di loro veniva affidato un compito, una responsabilità: c'era chi seminava granturco, chi allevava polli e altri che coltivavano fiori nelle serre.

Seguendo le varie fasi di questi processi naturali, le loro menti lentamente si aprivano sollecitate dalle emozioni e dallo stupore nel vedere il chicco di granturco gettato nella terra germogliare, diventare pianta, mettere le pannocchie che il sole maturava.

Un processo semplice ma per quei ragazzi rappresentava una possibilità di far riemergere la loro personalità. Ritrovavano i veri valori della vita, i sentimenti d'amore e il loro senso di responsabilità cresceva ogni giorno come le piante.

La natura rimane la stessa anche quando per noi tutto cambia e la primavera continua a fiorire anche nelle zone più aride.

Cercavo di non pensare, non volevo essere triste per non trasmettere la mia angoscia a Paolo. Lui era il mio grande uomo, lo amavo più di prima.

Telefonavo spesso a mia madre. Avevo bisogno del suo appoggio morale. Sapeva tranquillizzarmi, darmi conforto.

Quando un figlio ritorna alla madre è il segno evidente che sta attraversando un periodo di crisi. I genitori sono vissuti prima di noi, sono viaggiatori che ci hanno preceduto lungo i sentieri del bene e del male. Ci guardano e ci tendono la mano ogni volta che siamo in difficoltà.

Mia madre è sempre stata generosa e altruista. Veniva a trovarci di rado perché non voleva turbare la nostra intimità. Diceva sempre che le persone anziane devono stare per conto loro: infatti viveva sola da quando era morto mio padre.

«Cara Anna» mi ripeteva «ad una certa età si diventa noiosi, abitudinari. Mi trovo bene solo nella casa dove ho trascorso molti anni felici e dove in ogni angolo un ricordo mi tiene compagnia.»

Per passare il tempo insegnava catechismo ai ragazzi poveri della città e organizzava per loro feste e gite in campagna. Le volevano tutti bene.

Un giorno mi telefonò e mi disse che aveva invitato a pranzo Marina, una bambina rimasta orfana: i suoi genitori erano morti in un incidente stradale e nessun parente si era offerto di aiutarla.

«È veramente un caso molto triste, perciò tutte noi amiche cerchiamo di aiutarla. Un gruppo pensa alle sue spese scolastiche, un altro al mantenimento, una la ospita a casa sua.

«È una situazione che purtroppo durerà poco perché le assistenti sociali si stanno già interessando per metterla in un istituto.

«Stiamo lottando con tutte le nostre forze per tenerla con noi, ma non so se ci riusciremo. Vedi, questo impegno ci riempie la vita perché l'importante non è quello che giorno dopo giorno prendiamo dalla vita, ma quello che riusciamo ancora a dare agli altri.

«Per Marina servirebbe una famiglia che potesse tenerla con sé e farla crescere con un po' d'affetto. Vorrei che tu la conoscessi. Nonostante tutto quello che ha passato è serena e affettuosa.»

Non saprò mai se mia madre mi parlò della bambina con uno scopo ben preciso. Conoscendola, penso proprio che l'abbia fatto per offrirmi l'opportunità di uscire dallo stato di malinconia in cui ero caduta.

Aveva provato a gettare un seme nella terra brulla per farlo crescere e restituirmi un po' di fiducia nella vita. Aveva agito come tutte le madri che cercano di tendere una mano ai figli in difficoltà.

Continuai a pensare a quella bambina per giorni e giorni e una sera ne parlai con Paolo.

«Perché non la facciamo venire ad abitare con noi? La casa è grande e non abbiamo problemi economici. Ha solo dodici anni, fra dieci sarà adulta e noi saremo ancora giovani per poterla aiutare a trovarsi una sistemazione nella vita.»

Era il mio amore disperato che cercava di arrivare in qualche modo a mettergli vicino quella creatura che io non sarei mai riuscita a dargli. Volevo offrirgli la possibilità di sentirsi padre. Marina sarebbe stata come un passero caduto dal nido che viene raccolto con amore e tenuto fra le mani per scaldarlo.

Paolo mi ascoltò attentamente. Rividi per un attimo nei suoi occhi la luce del giorno in cui ci conoscemmo. Credetti di ritrovare tutto l'amore che pensavo si fosse affievolito.

«Apprezzo la generosità del tuo animo» rispose «l'amore con il quale desideri che il nostro sogno si possa in qualche modo avverare. Devi però prendere tempo per riflettere perché è una grossa responsabilità crescere una creatura della quale non conosci il passato. Pensaci bene, Anna, prima di decidere. Io sono al tuo fianco, assecondo il tuo desiderio e cercherò di venirti incontro, ma ti ripeto che è una decisione della quale un giorno potresti pentirti.»

Ne parlammo in continuazione e a lungo. Aveva ragione Paolo: era una decisione che avrebbe comportato notevoli rischi, ma l'amore non conosce frontiere. Per me sarebbe stato come camminare nel buio con una piccola lampada a rischiarare il sentiero; anche se la fiammella si fosse spenta, avrei dovuto continuare il cammino sforzandomi di arrivare fino in fondo.

Era un rischio, ma nessuna ricchezza mi avrebbe reso più felice del sorriso di un bambino che è l'insieme di tutti gli amori che palpitano nell'universo.

Nel cielo ci sono stelle splendenti e sulla terra creature meravigliose, ma la speranza del mondo è nel sorriso dei bambini.

Parlai con mia madre del nostro progetto. Ne fu contenta: sentivo che all'altro capo del telefono stava singhiozzando. Le chiesi di invitare Marina per il fine settimana così avremmo potuto vederla.

In seguito l'avremmo fatta venire a casa nostra per qualche giorno.

Non appena la vedemmo i nostri dubbi si dileguarono: era bella, sorridente, spontanea. Ci venne incontro come se ci conoscesse da tempo, ci abbracciò e in quel momento provammo uno stato di infinita dolcezza. Aveva i capelli biondi, gli occhi chiari, la pelle punteggiata di efelidi, un nasino dritto e la bocca carnosa. Ci ubriacò con la sua allegria, le sue buffe idee, il suo sorriso. Si esprimeva in quella maniera semplice, propria dei ragazzi, che ti fa star bene e ti aiuta a sentirti ancora viva. La sua risata era contagiosa. Passammo un piacevole fine settimana.

Quando la mettemmo al corrente delle nostre intenzioni rimase per un attimo senza fiato. Ci guardò a lungo negli occhi come per dirci: "Ma è proprio vero? Diventerò vostra figlia e potrò avere ancora un padre e una madre?".

Ci strinse le mani, seguiva dappertutto con gli occhi mia madre: ci fu un attimo di smarrimento per tutti. Mi abbracciò ancora e avvertii che le mie mani si bagnavano delle sue lacrime.

Paolo lasciò a me la decisione finale e io fui per il sì: avremmo preso con noi Marina.

Dopo aver sbrigato tutte le formalità burocratiche previste per l'adòzione, la bambina venne a vivere con noi. Quel giorno ci fu grande festa nel quartiere. Mia madre aveva preparato un dolce e per l'occasione invitò tutte le amiche che le avevano dato una mano. Furono abbracci e baci, qualche lacrima, sorrisi e tanta gioia perché la bambina aveva ritrovato una famiglia.

I primi giorni si sentì spaesata, la casa era troppo grande per lei. Affascinata dall'ampio giardino e dai campi di grano che si estendevano a perdita d'occhio, stava spesso a fissare oltre la staccionata. Si muoveva a passi leggeri per paura di far rumore, chiedeva spiegazione di ogni cosa. Dormiva nella cameretta che per tanto tempo era rimasta chiusa e che ora si era riaperta per lei.

Via via che il tempo passava, Marina prendeva confidenza con la casa, con le persone e diventava sempre più serena: spesso mi correva incontro per abbracciarmi. Credo che non ci sia gioia maggiore dell'abbraccio di un figlio. In quei momenti mi sembrava di stringere l'intero universo. Ero tornata ad essere felice.

La portavo con me a far spese, le piaceva correre in automobile lungo le strade alberate. Mi raccontava alcune vicende divertenti della sua vita di bambina, voleva che le narrassi le favole. La sua preferita era quella della luna.

C'era una volta un uomo che dormiva al chiaro di luna sulla sponda del fiume. Un vecchio contadino, vedendolo, chiamò a raccolta un gran numero di animali e disse loro: «Dobbiamo trasportare quest'uomo assieme alla luna dall'altra parte del fiume prima che sorga l'alba, altrimenti gli spiriti della notte lo prenderanno con sé».

Allora una tartaruga afferrò la luna con le sue zampe e la portò sull'altra sponda. Un'altra tartaruga prese l'uomo, ma poiché aveva le zampe molto corte non riuscì a reggerlo e cadde nell'acqua assieme a lui. Ecco perché la luna sorge ogni giorno: cerca l'uomo, ma lui non c'è più. Il fiume l'ha portato nell'immensità del mare.

Alla fine della favola Marina mi chiedeva sempre chi fosse quell'uomo che dormiva e io rispondevo che era un principe azzurro e che il fiume l'aveva portato lontano lontano dove l'aspettava il suo amore.

Stavamo bene assieme. Marina si stava affezionando anche a Paolo. A volte mi chiedeva: «Ma è tutto vero quello che mi sta accadendo? Durerà per sempre? Mi terrete in questa casa per tutta la vita?».

Aveva soltanto dodici anni, ma i suoi ragionamenti erano quelli di una ragazza più adulta.

Paolo ormai era diventato un professionista molto richiesto ed era spesso fuori per lavoro. Lo vedevo soltanto alla sera, perciò avevo tanto tempo da dedicare a Marina. Trascorrevo molte ore con lei, rispondevo a tutte le sue domande curiose. Quando eravamo seduti tutti e tre intorno al tavolo, mi sembrava di toccare il cielo con un dito.

Incominciò così la mia "professione di mamma": Marina era diventata la figlia che non avevo potuto avere.

Non ho dimenticato nulla di quel periodo. Ci furono delle difficoltà con Paolo perché non voleva che mi affezionassi troppo a lei. Temeva che il grande bene che le volevo mi allontanasse da lui.

Ai suoi occhi la ragazza non rappresentava un vero affetto, per lei, infatti, non aveva mai un gesto di tenerezza. Era gentile, si preoccupava che non le mancasse nulla, ma la considerava soltanto una creatura a cui provvedere.

Il poco tempo che gli restava dopo il lavoro desiderava passarlo soltanto con me. Non aveva mai voluto che Marina venisse in vacanza con noi, non ne parlava e non mi permetteva, quando eravamo assieme, di dedicarle un solo pensiero.

Ero dispiaciuta, ma capivo che non potevo chiedergli di più perché non era sua figlia. Fortunatamente la ragazza non avvertì mai questo distacco, anzi ammirava tutto di lui: il suo lavoro, i suoi ve-

stiti, la sua voce. Non perdeva occasione per par-
largli dei suoi progetti futuri, delle sue passioni.

«Non riesco a sentirmi suo padre» mi confidò
un giorno Paolo. «Proprio non mi è possibile. Se
continuerò a trattarla con gentilezza e con rispetto,
lo farò solo per te. Neanche quest'estate voglio che
venga con noi in vacanza.»

«Perché sei così severo con lei? In fondo abbiamo deciso insieme di adottarla.»

«Lo so, ma non è mia figlia, capisci?» disse fe-
rendomi «è una persona che abbiamo accolto nella
nostra casa perché era rimasta sola. Le voglio bene, ma non provo per lei niente di più.»

«Forse ho sbagliato a chiederti di farla vivere
con noi. Desideravi un figlio e io non sono capace
di offrirtelo. Tutto questo mi addolora profondamente. Pensavo che la sua presenza attenuasse in
qualche modo il vuoto della nostra esistenza, ma mi
rendo conto che non è così. Mi dispiace.»

«Ti prego, Anna, lasciamo perdere il passato.»

«Non ti ho reso felice come speravi, è vero?»

«Per favore, non parliamone più. Tu non ne hai
colpa.»

«Che cosa le dirò quando ci vedrà partire per le
vacanze?»

«Che io ho bisogno di stare da solo con te.»

«Ci resterà molto male.»

«Al contrario, si sentirà libera. Ormai non è più una bambina: avrà la compagnia di tua madre, dei suoi amici e di Carla. Non soffrirà certo di solitudine!»

«Mi spieghi perché il tuo rapporto con lei è peggiorato in questi ultimi tempi? Ha sbagliato in qualche cosa?»

«Si è sempre comportata bene con me. È molto educata, non posso lamentarmi di niente. Ma non riesco ad affezionarmi a lei o, forse, non voglio. Non so risponderti.»

Intanto Marina cresceva e diventava sempre più bella ed attraente. Gli amici che venivano a trovarci la riempivano di complimenti.

Frequentava il liceo scientifico, le piacevano il disegno e la matematica. Con il suo carattere estroverso si era creata molti amici che frequentava quando gli studi glielo permettevano.

Man mano che passavano gli anni, cercavo anche di capire quali fossero i suoi sentimenti nei nostri confronti. Accettava di parlare della sua situazione, rispondeva a tutte le domande, ma nello stesso tempo faceva capire che non si poteva andare oltre quello che non voleva dire. Aveva un suo mondo segreto che non voleva rivelare. Un giorno in fondo al viale del giardino la vidi piangere. Non mi disse mai il perché.

Nutriva un grande rispetto per noi, non era mai

invadente e accettava tutte le nostre decisioni senza obiettare. Per Paolo aveva una grande venerazione, anche se lui la trattava con un certo distacco. Penso che lo considerasse un mito. Lo si capiva dalle sue telefonate alle amiche: ne parlava sempre con orgoglio, era felice di vivere vicino a una persona così interessante.

*I*l tempo passava in fretta. Io avevo compiuto quarantacinque anni, Paolo quarantanove e Marina ventidue. La nostra vita in quella bella casa trascorreva tranquilla, i fiori nel giardino si moltiplicavano, i piccioni sotto la gronda erano aumentati di numero.

La vite americana, che avevamo piantato dieci anni prima, aveva ormai ricoperto tutta la veranda. Era il luogo dove passavamo più tempo in primavera e in estate. C'era fresco e la brezza portava i profumi della campagna.

Nei pomeriggi assolati non si sentivano canti di uccelli sugli alberi del giardino, le porte della casa erano aperte e nella strada non passava nessuno. Paolo si assopiva sulla poltrona di vimini, lo guardavo mentre dormiva e riflettevo sul suo carattere allegro e entusiasta, ma anche pieno di incertezze.

Aveva una personalità complessa, il suo umore

non era mai stabile. C'erano giorni in cui appariva un uomo forte, sicuro di sé e altri, invece, in cui dovevo prenderlo per mano, aiutarlo a soffrire meno e trasmettergli la forza per andare avanti.

Era come se in lui ci fossero due diverse personalità che, a seconda degli stati d'animo, si alternavano alla guida dei suoi sentimenti: l'uomo forte, deciso, grintoso e il bambino spaventato, smarrito e bisognoso di affetto.

A volte, nel tardo pomeriggio, facevamo lunghe passeggiate fra le vestigia della grande civiltà etrusca e spesso ci fermavamo ad osservare i sarcofagi di pietra collocati poco fuori della città.

Non volli mai portare Marina a visitare la tomba che chiamavamo "Porta del cielo". Temevo che le ricordasse il suo passato, il tempo in cui anche lei aveva avuto un padre e una madre. Con lei non ci fermammo mai in quel luogo.

Marina riuscì a superare bene il primo anno di studi e quelli successivi. Dopo la maturità, con mia grande gioia e stupore da parte di Paolo, chiese il permesso di iscriversi alla facoltà di architettura. La sua vita era frenetica e io dovevo accontentarmi dei suoi rari momenti di libertà.

Diventava sempre più attraente. Il suo volto assomigliava a quello della fotografia di sua madre che teneva in camera. Ne parlava spesso e sono sicura che, anche a distanza di anni, era rimasta sempre la "sua" mamma.

Ad ogni successo mi diceva: «Chissà come sarebbe contenta la mamma!».

Capivo questo rimpianto, ma al tempo stesso provavo un certo dolore perché mi riportava alla realtà: io non ero sua madre anche se le volevo molto bene. Dovevo accettare questa verità, rimanere me stessa e combattere la dura battaglia in cui mi ero impegnata in prima persona per riempire il vuoto della mia vita.

Mi rendevo conto che era un'impresa difficile e che soltanto la mano leggera di una creatura silenziosa come un angelo custode poteva aiutarmi a dimenticare il dolore che era dentro di me.

Con il tempo Marina divenne più distaccata, diversa, silenziosa, meno affettuosa. Aveva ormai ventitré anni ed era vicina alla laurea.

«Perché non mi parli mai dei tuoi compagni, di chi frequenti?» le chiesi un giorno.

«Non mi interessano» rispose.

«Strano che una ragazza come te non abbia neanche un corteggiatore. Qualcuno che ti piaccia deve pur esserci.»

Rispose con un no secco e capii che l'argomento la turbava.

«Vuoi forse farmi credere che non ti sei mai innamorata?»

Rimase in silenzio. In quel mentre entrò Paolo.

Dopo averci salutate si rivolse a Marina e le chiese: «Come vanno gli studi? A che punto sei con gli esami?».

«Abbastanza bene, sono alla pari col piano di studi.»

«Stamani ho pensato a te. Ti offro la possibilità di frequentare il mio studio per fare pratica e aiutarmi.»

Gli occhi della ragazza si illuminarono di un sorriso radioso.

«Dici sul serio? Davvero me lo permetterai?»

«Certo! Possiamo incominciare dalla prossima settimana, se lo desideri.»

«Con immenso piacere!»

Seduti l'uno di fronte all'altra facevano progetti mentre io li osservavo meravigliata in silenzio. Un'insolita luce brillava negli occhi di Marina e anche l'atteggiamento di Paolo nei suoi confronti era mutato.

Marina era felice, le piaceva lavorare con Paolo, tornava a casa entusiasta. Spesse volte rientrava molto tardi perché doveva completare disegni e calcoli.

Paolo era gentile con lei, la spingeva a migliorare. La portava con sé sui cantieri edili.

Era ormai salita sul treno della vita. Quel treno che passa e ti porta lontano in luoghi sconosciuti dove non avresti mai pensato di arrivare. Oppure si ferma prima del tempo e devi scendere perché il viaggio è finito. Per lei era un convoglio speciale che doveva correre più degli altri per arrivare lontano. Aveva al suo fianco un maestro eccezionale: Paolo.

Era bello vederli lavorare assieme, sapere che Marina non avrebbe fatto fatica ad inserirsi nel mondo del lavoro.

Forse, fu proprio il piacere di vederla realizzata che mi rese cieca al punto di non intuire che qualcosa stava cambiando.

Paolo aveva sempre meno tempo da dedicarmi, era nervoso, irascibile, taciturno.

Quelle poche volte che stavamo insieme non riuscivamo a scambiare una sola parola. Non mi rendeva partecipe dei problemi che lo preoccupavano: era come assente. Eravamo stati abituati a dirci tutto, ma adesso lui taceva e non cercava più aiuto.

Pensai che stesse attraversando un periodo di stanchezza: purtroppo mi sbagliavo.

Ad un mio improvviso rientro a casa trovai Paolo e Marina che si baciavano. Fu un colpo al cuore, una lama tagliente che mi attraversò l'anima. Non dissi nulla, non si accorsero della mia presenza, mi nascosi a piangere.

Paolo non aveva avuto il coraggio di parlarmene. Ecco perché mi evitava.

Come si può dire la verità, come si può cercare conforto quando ami un'altra persona? Poteva solo dirmi: "Non ti amo più, questa volta non ci possiamo aiutare".

Il mondo mi stava crollando addosso, non volevo credere, mi sembrava tutto impossibile.

Quando i miei occhi sperduti cercarono quelli di Paolo, lui non volle guardarmi, non poteva mentirmi.

Mi passarono davanti in un attimo tutti i giorni felici della nostra vita, rividi ancora una volta i due innamorati della "Porta del cielo" che si tenevano per mano. Quando avevamo visitato per la prima volta la tomba, lui mi aveva detto che sarebbe stato così anche per noi e invece quel sogno si era interrotto all'improvviso.

Non pensai solo a me, ma a Paolo: sicuramente, in quel momento, era lui la persona più tormentata anche se io ero la sua vittima.

È doloroso non essere più amati quando si ama ancora, ma deve essere altrettanto triste essere amati quando non si ama più.

Penso che poche donne avrebbero condiviso il mio stato d'animo. Le più si sarebbero sentite umiliate, vittime di una usurpatrice e avrebbero fatto subito i conti con la morale, pronte a dire: "Che cosa avrà lei di tanto diverso da me?". Sarebbero state solo capaci di condannare con rabbia senza cercare di capire.

Il giorno dopo Paolo riuscì a dirmi la verità.

Eravamo seduti in giardino sotto il pergolato.

«Ti devo parlare, Anna.»

Dal tono della sua voce compresi che era addolorato. Cercai di assumere un atteggiamento comprensivo nonostante dentro di me stessi morendo.

«Non so che cosa mi stia succedendo, sono inquieto, ho perso la serenità. Stanotte ho riflettuto a lungo e ho deciso che dovevo trovare il coraggio di parlartene.»

«Ti ascolto» dissi, come se stessi per ascoltare una condanna.

«Credo di essermi innamorato di Marina. Ti prego, Anna, aiutami.»

Nonostante il dolore, gli promisi: «Lo farò, con la morte nel cuore, come meglio potrò. Ci siamo promessi di aiutarci sempre». Ma un nodo mi serrava la gola.

«Non voglio farti soffrire. Pur di non perdere il tuo bene, rinuncerò a lei.»

Lo guardavo mentre mi parlava e mi rendevo conto della sua sofferenza per avermi fatto del male.

«Perché vuoi rinunciare al tuo sogno per me?» gli domandai con voce incerta.

«Io e te siamo cresciuti assieme, tu mi dai sicurezza e soprattutto ti voglio ancora bene. Quello per Marina è un sentimento diverso: mi fa sentire meno gli anni che passano, è come un rinnovarsi e forse un giorno...»

A quel punto Paolo si fermò per non farmi ancora più male. Capii che avrebbe voluto dire: "Forse un giorno potrei avere da lei un figlio".

"Non è giusto" pensai "che una persona che ti ha amato debba necessariamente volerti bene per tutta la vita." Compresi allora che cosa intendesse dire Paolo quando sosteneva che ero io la più forte.

Non avrei amato mai altri che lui, ed era proprio questo che mi dava il coraggio di aiutarlo, nonostante stessi perdendo quanto di più caro avevo al mondo.

Avrei voluto dirgli:

Abbiamo vissuto assieme e ci siamo amati per parecchi anni, abbiamo diviso la stessa felicità e pianto le stesse lacrime.

Abbiamo sperato che il futuro fosse bello come il passato e invece non è stato così. Adesso non ci resta che dividere la mia tristezza con la tua gioia.

Ero pronta a tenerlo dentro di me, quell'amore. Era talmente grande che avrei potuto viverlo anche da sola. Desideravo soltanto che lui fosse sicuro della sua scelta e felice di farla.

Chi ha amato veramente, chi conosce i rami dell'albero dell'amore che hanno resistito ai venti può capire il dolore che si prova quando ti rendi conto che la persona che ami non prova più per te lo stesso sentimento. Rimani disorientata, non sai più che cosa stia accadendo, le persone e le cose ti passano davanti senza che tu le veda, provi un senso di vuoto e di solitudine.

Il tuo cuore sembra dire: "Desideravi il mio amore, eravamo uniti, niente avrebbe potuto dividerci, e invece quel vento che si leva improvviso, quando la pianura è apparentemente tranquilla, è il più selvaggio e abbatte anche gli alberi che sembravano incrollabili.

"La tua anima si svuota, ma l'amore che è in te è troppo grande per morire. L'albero crolla, ma le foglie e i fiori continuano ad aprirsi sui rami perché le radici sono disperatamente attaccate alla terra."

Chiesi a Paolo di poter rimanere sola con lui

per qualche giorno. Non volevo convincerlo a ritornare sui suoi passi, ma neppure pensavo che ci potessimo lasciare così, senza una spiegazione. Eravamo sempre stati sinceri l'uno con l'altra e non potevamo tacere in un momento come quello. Non era giusto salutarci soltanto con un addio.

Avrei voluto gridargli:

Non andartene, amore mio, senza avermi detto nulla per prepararmi al distacco. Ho aspettato tutta la vita di incontrarti e adesso te ne vai mentre sono ancora assopita nel tuo amore. Mi svegliavi con una carezza e adesso ti allontani, senza neanche chiamarmi per darmi il buongiorno.

Ho sempre avuto paura che il nostro amore fosse soltanto un sogno e temevo che, svegliandomi, il sogno finisse.

Avrei voluto chiedergli molte cose, ma forse sarei rimasta soltanto muta ad interrogare i suoi occhi.

Marina partì il giorno stesso. Andò a vivere per un po' di tempo in casa di un'amica a Tuscania. Prima di varcare la porta chiese a Paolo se poteva parlare con me, ma mi rifiutai di ascoltarla. Non avrei avuto la forza di guardarla negli occhi. In quegli occhi chiari che tante volte mi avevano sorriso dandomi forza e gioia di vivere.

Come avrei potuto affrontarla dopo essere venuta a conoscenza di una verità così amara e atroce? Che cosa avrei potuto aggiungere io e quali parole avrei ascoltato dalla sua voce?

Non sarei stata capace di incominciare, né avrei trovato le parole da dire. Dopotutto l'avevo voluta io, contro il parere di Paolo. Forse, proprio io, con le mie premure l'avevo avvicinata a lui per paura che un giorno la potesse allontanare da casa.

Avevo agito come mi dettava il cuore, sbagliando. Credevo di essere sulla strada giusta e invece mi ero ritrovata in un deserto desolato.

Non provavo né odio né cattiveria per lei. Era rimasta imprigionata in quella rete sottile che avvolge il cuore quando uno meno se l'aspetta. Era vittima di una attrazione contro la quale non poteva combattere, di un destino che la allontanava dalla riva, come una barca a vela spinta dal vento.

Come madre avrei voluto abbracciarla per consolarla, aiutarla in un momento così difficile. Ero sicura che anche lei stava soffrendo. Immaginavo quali potessero essere stati i suoi tormenti e i suoi rimorsi quando si era resa conto di amare Paolo.

Riuscii a capire perché Marina da tanto tempo mi evitava. Non voleva che mi accorgessi della verità per non farmi soffrire e, forse, avrà anche tentato di allontanarsi da Paolo senza trovarne la forza.

La pena che provavo per lei mi impediva di odiarla, benché fossi pienamente consapevole che mi stava portando via l'uomo che amavo.

Ogni madre, quando un figlio commette una grave colpa, pensa per prima cosa a come poterlo aiutare anche se sa che è dalla parte del torto; anch'io mi preoccupavo di come poter consolare Marina. Dice un antico adagio: una madre riesce ad aiutare cento figli, ma cento figli non riescono ad aiutare una madre.

Mi era caduta addosso questa tremenda punizione. Espiavo la colpa di aver voluto essere madre a tutti i costi.

Passai davanti alla camera di Marina. La porta era chiusa, l'aprii e venni sommersa da un'ondata di ricordi. La bambina che avevamo accolto in casa, crescendo vi aveva apportato molti cambiamenti: com'era diversa da quando l'avevamo arredata assieme!

Mi guardavo intorno e provavo dolore per quanto era successo e nello stesso tempo un sentimento d'amore per la ragazza che lì era cresciuta.

Accarezzai la coperta di lino sul letto, i pupazzi e i cuori di pezza. Sul comò c'era la fotografia di sua madre, vicino alla collana di corallo che le avevamo regalato per il suo diciottesimo compleanno.

Si avvertiva nell'aria un profumo lieve di lavanda. Nell'armadio aperto pendevano tutti i suoi vestiti. Mi sedetti sul letto e piansi. Mi sentivo vecchia, stanca, sconfitta. Avevo perso tutto: Paolo, il mio ruolo di madre, il mio futuro.

Quella notte non riuscii a dormire. La mia mente correva, correva, i pensieri si accavallavano. Continuavo a rivedere Paolo e Marina che si abbracciavano e provavo una grande angoscia.

«Perché è successo?» mi ripetevo. «Perché?»

«Perché, in un solo istante, l'amore può cambiare completamente la nostra vita?»

L'umanità è a volte commovente per la sua generosità, altre volte incomprensibile per la sua freddezza. Spesso siamo impegnati non tanto a compiere il nostro dovere, bensì a capire esattamente quale sia.

Fu una notte piena di angosce. Mi ripetevo: "Che cosa ne sarà di me e di Paolo? Marina ha tanti anni meno di lui. Potrà amarlo come l'ho amato io? Sarà capace di offrirgli tutto quanto gli ho dato io?".

Interrogativi che nel buio della stanza si rincorrevano come spettri. Non riuscivo a trovare la calma per riflettere, la fronte mi bruciava, continuavo a stringere fra le dita la mediaglietta che portavo al collo. Tremavo, avevo paura della mia solitudine, timore di non farcela.

Me ne sarei andata. Lo decisi in quel momento. Non avrei potuto vivere ancora in quella casa. L'avrei trasformata in un altare di commiserazione per la mia sofferenza.

È solo dopo aver perduto l'amore che possiamo capirne tutta l'importanza. Coloro che non hanno mai sofferto per questo sentimento sono in genere meno sensibili al dolore che infliggono agli altri e apprezzano meno il dono dell'amore.

Mi stavo pentendo di aver chiesto a Paolo di rimanere noi due soli per qualche tempo. Che cosa avremmo potuto dirci? Lui avrebbe cercato di non farmi troppo male e io mi sarei sforzata di mascherare la mia sofferenza. Ma poi?

Il mattino successivo Paolo uscì di casa molto presto. Mi salutò appena e si allontanò in fretta.

Mi accorsi che per lui stavo diventando una fonte di angoscia. Era nuovamente innamorato ed io rappresentavo soltanto tristezza ed imbarazzo. Marina, invece, era la felicità come lo ero stata io per tanto tempo.

Mi resi conto che la richiesta di rimanere sola con lui per qualche giorno era veramente assurda.

Incolpare qualcuno per quello che ti sta accadendo, serve soltanto ad impedirti di guardare dentro te stessa. Puoi cercare una spiegazione, ma non riuscirai mai a cancellare la tua infelicità. Sulla terra c'è un dolore inesauribile che tormenta il cuore dell'umanità: l'accusa verso coloro che hanno sbagliato.

Io li avevo già perdonati per tutto il male che mi avevano fatto. Erano due creature che avevo amato e che ancora adesso sentivo mie. Ma allo stesso tempo prendevo coscienza che in quella casa non c'era più posto per me. Dovevo andarmene senza parlare. Scrissi a Paolo una lettera:

Amore mio, ho cercato le parole più adatte per spiegare lo stato d'animo con il quale mi appresto al

distacco da te, da lei, dalla vita di sempre, dai nostri giorni, dalle nostre abitudini.

Credevo di trovare un fiume di parole e invece non ho da offrirti che silenzio, un silenzio carico di emozione.

Ho capito che per un distacco non esistono parole, un addio va vissuto solo in silenzio. Un addio è silenzio.

Mi allontano, mi metto in disparte e il distacco è la mia più alta espressione d'amore per te. Il mio sentimento è stato sincero.

Adesso rimango sola con il mio dolore, con il rimpianto e l'amarezza di non essere stata la donna che avrei voluto essere per l'uomo che amo e che porto nel cuore. In questa mia solitudine cercherò di illudermi che esiste anche per me una persona che sa amarmi. Voglio essere anch'io nel suo cuore come lui è nel mio.

Anch'io ho bisogno di amore e tu sai che cosa vuol dire amare.

Solo vivendo di illusioni riuscirò a sopportare il peso della mia sconfitta.

Purtroppo è andata così, non posso fartene una colpa se non mi ami più, non posso insegnarti quello che già sai e che non vuoi o non puoi darmi.

Ricordati sempre che più ami e più vorresti donare amore, e più senti il bisogno di dire: "Ti amo".

Il mio amore per te non mi abbandonerà mai, anzi, in questa mia sofferenza lo aiuterò a crescere ancora di più.

Sarà consolante immaginare di vivere sempre nei tuoi pensieri, di sognare che mi pensi.

Riuscirò a far sì che anche tu possa parlarmi con amore, con la tenerezza di sempre.

Ruberò del tempo a me stessa e ti porterò nei posti a me più cari, ti parlerò di tutte le cose belle che avrei voluto dividere con te, ma che la vita non ha voluto concedermi.

Mi addormenterò sussurrandoti: «Buonanotte, amore mio». E al risveglio ti manderò un bacio. Vedi, anch'io sarò libera. Libera di amarti.

Ti ho dato tutto quello che potevo, ti ho sempre voluto accanto a me e se potessi darei la mia vita per vederti felice.

Adesso la mia felicità sarà quella di pensarti vicino a me come avrei sempre voluto. Ho vissuto di sogni e di speranze e continuerò a farlo con te al mio fianco. Non sono andata lontano, sono appena qui dietro l'angolo. Chiamami ancora con il mio nome, se puoi sorridimi come facevi un tempo. Ci siamo amati ed abbiamo percorso un lungo tratto della vita assieme. Non è giusto perderci. Io sarò sempre vicina e ti aiuterò se ne avrai bisogno. Non soffrire per me perché saprò trovare la forza di rinascere.

Ora il mio cuore è calmo come le acque di un grande fiume che, passando vicino ad alberi giganteschi, sembra volerli abbattere, ma continua a scorrere sfiorandoli.

Io sono come quel fiume: continuerò a camminare, anche se sarà doloroso dimenticarti. Non ce la farò mai perché ti amo troppo. È proprio per amore che mi allontano da questa casa dove abbiamo vissuto anni felici.

Dio sa quanto mi costa varcare quel cancello e allontanarmi lungo la strada dei lecci. Me ne vado per lasciarti libero. Addio, amore.

Mentre in casa non c'era nessuno, incominciai a radunare tutte le mie cose. Carla, la vecchia domestica, che aveva vissuto con noi tutti quegli anni, piangeva. Lei, forse, si era accorta da tempo che Paolo e Marina si amavano e non mi aveva detto niente per non vedermi soffrire. Avrebbe voluto venire via con me.

«Tu devi rimanere» le dissi «altrimenti questa casa sarebbe ancora più vuota. Senza di te Paolo si sentirebbe perduto e Marina non è abituata a fare i lavori domestici.»

Presi con me soltanto ciò che mi occorreva, il resto lo avrei mandato a ritirare in un secondo tempo.

Paolo mi telefonò scusandosi di non poter tornare per l'ora di pranzo. Un impegno improvviso lo tratteneva allo studio. Gli risposi di non preoccuparsi: avremmo avuto tutta la sera per parlare.

Non fu così. Me ne andai nel pomeriggio. Abbracciai Carla, piangevamo confondendo le nostre lacrime.

Quel tratto di strada che avevo percorso tante volte mi sembrò interminabile. Lo percorrevo lentamente, tra pozzanghere d'acqua e un pesante fardello di pensieri. Passai accanto alle mura dove sotto i pini e i cipressi giacciono i resti dell'antica Tuscania.

Sopra le vecchie tombe l'aratro aveva strappato le radici, i fiori e le erbe selvatiche erano seccate. Quel paesaggio che avevo tanto amato mi apparve d'improvviso triste come non l'avevo mai visto prima. Avrei voluto tornare, ma non c'era strada ormai che mi potesse riportare indietro.

Tremavo, stretta nel mio impermeabile leggero, il vento continuava a far cadere foglie ingiallite.

Lasciavo la mia casa, i miei affetti, le cose care e, soprattutto, l'uomo che amavo.

Anziché andarmene e rinunciare ai privilegi che mi spettavano di diritto, avrei potuto allontanare Marina dalla nostra casa. Lei avrebbe sicuramente acconsentito pur di non darmi ancora altri dispiaceri e forse lui l'avrebbe dimenticata. Ma al tempo stesso non volevo essere la causa della loro infelicità.

Il mio tempo era passato: Paolo apparteneva a

un'altra donna che rappresentava per lui la gioia di vivere.

Se lo avessi costretto a rimanere con me avrei avuto in cambio soltanto la sua indifferenza e il suo disprezzo.

Di solito le mogli dicono: "Questo è mio marito, questo è mio figlio" anziché: "Sono sua moglie, sono sua madre". Si esprimono sempre in termini di possesso.

Forse avevo sbagliato con Marina. Spesso i genitori commettono l'errore di concedere troppo ai figli nel tentativo di stabilire con loro un dialogo. Tutto ciò indispettisce i ragazzi e li allontana perché preferiscono vivere in un mondo nel quale agli adulti non è consentito entrare. Non vedono dappertutto il pericolo come succede ai genitori: per loro dietro ad ogni angolo c'è sempre un giardino di speranza e di gioia.

Mentre guidavo sotto la pioggia battente, feci un attento esame della mia vita cercando di capire dove avevo sbagliato, ma la mia mente era confusa, sconvolta da quanto era accaduto.

Ricordo ancora il tergicristallo che continuava a scorrere davanti ai miei occhi come volesse dirmi: "No, no, no!".

Mi ritrovai nella casa che avevo abitato quando avevo vent'anni e frequentavo l'università. Si trova su un'altura che domina la parte vecchia della città.

Ci stavo bene, allora, mi sembrava di aver conquistato il mondo. Mi sentivo libera. Non avevo mai voluto affittarla, non so il perché.

Entrando mi guardai attorno con occhi smarriti e provai un profondo senso di angoscia. Il cuore mi batteva forte, mi sforzavo di non piangere, di non disperarmi.

In certi momenti sembra che la vita ti sia scivolata di mano e fuggita lontano dimenticandosi di te. Avverti che non sei più niente, cerchi di ricordare le cose belle per stare ancora più male, per commiserarti e capire quanto sei sola. Una grande rabbia ti attanaglia la gola e vorresti gridare.

La casa era silenziosa. Nelle stanze c'era odore di chiuso e un velo di polvere ricopriva i mobili. Attraverso la vetrata mi apparve la pianura velata di pioggia. Mi sentii sola, temevo di non farcela.

L'angoscia di chi deve affrontare il naufragio della propria vita è terribile. È doloroso rendersi conto di non essere più amata, sapere che non sei più nei pensieri di chi ami e che un'altra donna vive con lui sotto lo stesso tetto.

Ma ancora più penoso è sapere che quella donna è la figlia adottiva che hai amato, cresciuto e protetto.

Paolo non l'aveva mai considerata una figlia e una volta diventata grande, se ne era innamorato.

*P*aolo mi telefonò la sera stessa scusandosi per gli impegni avuti all'ora di pranzo. Sapeva dove trovarmi e voleva che ci vedessimo, ma ormai era una telefonata inutile, e ancora più stonate suonavano le sue parole: «Anna, ti ho fatto del male ed ora che te ne sei andata non riesco ad essere felice come tu mi hai augurato.

«Non si può esserlo quando la persona a cui si vuole bene sta soffrendo.

«Sì, è vero, amo Marina, ma per te conserverò sempre un grande affetto nel mio cuore. Sono due amori diversi: con te sono cresciuto, mi sono sentito al sicuro, protetto. Mi hai capito, perdonato e mi hai insegnato la lealtà che deve esistere fra due persone che si amano. Non dimenticherò mai che mi hai fatto capire soprattutto il significato della parola amore. Per lei...»

Lo interruppi pregandolo di non parlarmi dei sentimenti che provava per Marina. Mi avrebbe fatto troppo male.

Gli promisi che non mi sarei lasciata andare, che l'avrei cercato per qualsiasi problema e che anche lui avrebbe potuto fare la stessa cosa con me.

Riuscii a non piangere mentre gli parlavo. Lo ascoltai con la stesssa comprensione con cui l'accoglievo quando tornava a casa stanco e si sedeva vicino a me.

Fu una lunga conversazione alla fine della quale ci salutammo come sempre.

Mi sedetti al vecchio pianoforte che da tanto tempo taceva in un angolo del soggiorno e suonai, non ricordo quale brano, per disperazione, per amore, per piangere, per liberarmi da quel groviglio che avevo dentro.

Mentre quella musica disperata riempiva la stanza, pensavo che bisogna adattarsi agli eventi che il destino ti offre, che l'amore non è mai perduto. Se non è ricambiato rifluisce come l'acqua di un ruscello ad addolcire e a purificare il cuore.

La vita è una scuola dolorosa: ti dà tutto e ti può togliere tutto. Vale la pena di viverla e di lottare perché esiste l'amore che è l'inizio e la fine di ogni vicenda umana.

Suonavo, suonavo, ma l'immagine ricorrente era quella di Paolo che avevo lasciato. È più facile accendere un fuoco con la neve che far morire un amore con le parole e i ricordi.

Quell'abbandono alla musica fu liberatorio. Avevo ripercorso, come in un sogno, tutti i momenti importanti della mia storia e mi ero resa conto di essere sola. Dovevo ricominciare da capo e mettercela tutta per continuare a vivere.

Giorno dopo giorno cercai di rimettere insieme quel "nulla" che mi era rimasto, facendo rivivere la mia vecchia casa come una volta.

Non dissi niente a mia madre, non volevo che si sentisse in colpa, ma si rese conto ugualmente di ciò che era successo. Gli amici cercarono di consolarmi e, senza fare inutili commenti, mi aiutarono.

Nella mia mente Paolo incominciò a tenermi compagnia. Era come se fosse partito per un lungo viaggio e io lo stessi aspettando. Rifiutavo l'idea di essere sola e libera: non si è liberi quando si ama una persona perché il pensiero ci tiene costantemente legati a lei. Cerchi di colmare la solitudine che ti circonda con i ricordi di momenti felici che ti aiutano a sopravvivere, ma questi ti fanno stare ancor più male.

Vivevo con l'illusione che Paolo un giorno sarebbe tornato. Forse dovevo solo saper aspettare, ma al tempo stesso capivo che era solo un'illusione.

Trascorrevo molte ore della giornata seduta sulla poltrona del terrazzo che domina la valle. Seguivo con lo sguardo, giù nella piana, l'arrivo dei pullman di turisti venuti da tutto il mondo ad ammirare i resti dell'antica civiltà etrusca.

Pensavo che anch'io, a modo mio, ero una turista: avevo visitato la felicità, avevo provato la sensazione di possedere ciò che in realtà non mi sarebbe mai appartenuto davvero. Siamo tutti un po' turisti in questa esistenza e cadiamo, senza accorgercene, nella disperazione quando qualcosa ci viene a mancare o quando una speranza muore.

Non si dovrebbe mai dichiarare il proprio fallimento, neanche quando la nave della nostra vita sta naufragando in mezzo alla tempesta: un vento misterioso può sempre levarsi e condurci in porto.

Cercavo di trovare un po' di coraggio mentre pensieri e immagini si susseguivano nella mia mente.

Ammirando gli alberi, che si muovevano leggeri nel vento, mi venne in mente un articolo di giornale che avevo letto tempo prima. Parlava di una ragazza che si era rifugiata in cima a una sequoia gigantesca sulle colline della California e lassù aveva costruito la sua abitazione. Aveva fatto tutto questo per difendere l'albero destinato a essere tagliato, ma alla base di questa sua scelta c'era una storia d'amore finita che voleva dimenticare. La ragazza, di nome Giulia, rischiava di essere portata via dagli uragani che in quella zona sono frequenti, ma lei sarebbe scesa dall'albero, al quale aveva messo nome Luna, soltanto quando avesse avuto la certezza che non sarebbe stato abbattuto.

Almeno avessi anch'io potuto trovare la forza di usare la mia disperazione per aiutare qualcuno!

L'occasione non si fece attendere. Era scoppiata da poco la guerra nel Kosovo. Le immagini che apparivano in televisione davano la misura della sofferenza di quei popoli: lunghe colonne di gente scacciata dalle proprie case, affamata e disperata. I bambini e i vecchi erano le vittime più deboli. Di fronte a tanta sofferenza decisi di partire per raggiungere i luoghi della guerra, per offrire il mio aiuto.

Chiesi informazioni alla Croce Rossa e riuscii ad avere un appuntamento nella sede più vicina per sbrigare le pratiche burocratiche e sottopormi ad una visita medica. Fui accettata: sarei partita con il prossimo gruppo di volontari.

Al fronte avrei trovato vecchi, bambini, donne che stavano soffrendo più di me e ai quali avrei potuto portare un po' di conforto. Avevo bisogno della loro sofferenza per alleviare la mia. Sicuramente sarei stata impegnata tutto il giorno e non avrei avuto il tempo di commiserarmi.

La notte prima della partenza non mi fu facile addormentarmi.

Erano troppi i pensieri che si accavallavano nella mia mente: i ricordi, le immagini, le parole dette. La mia mente continuava a ripetermele come un'ossessione. Frasi che avrei voluto dimenticare perché mi avevano fatto soffrire.

Sapevo di essere arrivata a un punto di non ritorno. Mai come in quella notte mi resi conto di aver perso Paolo per sempre. Io non facevo più parte del suo futuro.

Mi allontanavo portando con me solo i ricordi e la certezza che nella vita le donne come me rimarranno sempre sole.

«Tu sei più forte» mi ripeteva spesso Paolo. Forte perché riuscivo a star sola quando lui era lontano per motivi di lavoro. Forte perché non chiedevo mai nulla, affinché lui sapesse perfettamente che ero pronta a capire e ad accettare qualsiasi situazione.

Spesso le donne fanno sì che il mondo giri intorno a loro. Io, sbagliando, avevo cercato di girare assieme al mondo.

Quella notte mi chiesi se annullare se stessi per gli altri sia un bene o un male. Quando ciò che dai e fai diventa naturale e scontato, non esisti più come persona.

Mi stava passando davanti tutta la mia vita con i ricordi che si accavallavano, alcuni belli, altri dolorosi. Rivissi le passeggiate con mio padre che mi teneva sempre per mano. Ogni tanto sentivo la sua stretta via via più forte, come se volesse rassicurarmi: "Io sono qui vicino a te e ti voglio bene".

Ricordai anche le parole con le quali mi salutò quando andai via da casa per frequentare l'università: «Ricordati che nella vita bisogna dare sempre il meglio di quello che abbiamo, di quello che siamo, di quello che siamo diventati».

Al mattino vennero a prendermi i volontari della Croce Rossa. Avevo detto a mia madre che partivo per un lungo viaggio di vacanza. La stessa cosa la dissi anche a Carla per giustificare con tutti, compreso Paolo, la mia assenza.

Ci mettemmo in viaggio seguiti da tre ambulanze e un camion pieno di viveri e vestiario.

A Brindisi ci imbarcammo. A bordo del traghetto c'erano molti altri volontari spinti verso la sofferenza da ragioni molto diverse. Sapevo che mi stavo avventurando un'impresa rischiosa, ma non vi avrei rinunciato per nessuna ragione al mondo.

Fui destinata al campo di accoglienza di Kukes, uno dei punti più drammatici dello scenario agghiacciante della guerra. Dappertutto c'erano bambini feriti, spaventati e piangenti. Ragazze minorenni violentate, vecchi stanchi che camminavano a fatica con i piedi nel fango.

Al centro di accoglienza, la squadra dei volontari che era in quel luogo da otto giorni ci passò le consegne e il responsabile del campo assegnò le mansioni ai nuovi arrivati. Lo stesso giorno dovemmo distribuire il cibo a circa duemila persone. Il mattino seguente riempimmo di latte centinaia di bicchieri di carta che i bambini ci porgevano in silenzio.

All'ora del pranzo e della cena venivano preparati migliaia di piatti caldi. Per dare un pasto a tutti occorrevano circa due ore e a volte anche di più. Alcuni volontari facevano la spola tra il centro di accoglienza e i depositi per reperire le derrate alimentari, altri si occupavano del servizio sanitario sulle ambulanze, altri ancora montavano le tende.

Cercavamo di offrire il meglio di noi stessi e di essere sempre pronti e disponibili anche dormendo soltanto poche ore per notte: c'era sempre qualcuno che aveva bisogno di aiuto. Le grida giungevano sino a noi fra i rumori assordanti delle esplosioni e il sibilo degli aerei.

Incominciò a nascere dentro di me una forza nuova, mi sentivo privilegiata ad essere lì, vicina a chi soffriva.

"Dovrebbero venire qui" mi dicevo "tutte le persone scontente della vita e che si perdono nel vuoto della loro esistenza. Capirebbero il vero significato delle parole generosità, amore, speranza."

*S*correva davanti ai miei occhi un tragico affresco umano con uomini alla deriva, bambini affamati, donne disperate. Al loro fianco, però, persone che avevano deciso di dedicare la propria vita agli altri compivano un lungo pellegrinaggio di bontà e di amore.

Ho visto una bambina raccogliere le bucce delle patate e portarle a sua madre per sfamarla. Ho visto tutto quello che è impossibile immaginare se non si è stati sul posto e non si è toccato il dolore con mano.

L'unica forza che sorreggeva quella povera gente era la speranza di ritornare un giorno a seppellire i loro morti, a ricostruire le case distrutte, a coltivare i campi desolati.

I bambini che arrivavano dalle varie località ci guardavano e ci interrogavano con occhi smarriti. Facevano lunghe code per avere un pezzo di pane e un indumento usato. Percorrevano la via dell'inferno senza lamentarsi, accettando il lungo calvario con una rassegnazione che ci lasciava sconcertati.

Nei giorni della Pasqua ci furono più arrivi. Uomini scacciati e torturati, bambini e donne affamati: con loro moriva anche quell'anelito di pace che avrebbe dovuto essere più forte. I ramoscelli degli ulivi benedetti, che alcune volontarie avevano appeso all'ingresso delle tende, erano come spine piantate nel cuore di un'umanità atterrita che assisteva al calvario di Cristo flagellato nel Kosovo.

Non avevo mai visto da vicino tanto dolore. Seguendo la guerra alla televisione, seduti comodamente su una poltrona, tutto appare diverso e anche la sofferenza sembra una cosa lontana, che non ti tocca. Lì sul posto le lacrime dei bambini ti bagnavano le mani e i loro abbracci erano lunghi e disperati.

Persone alle quali non era rimasto più nulla, se non quei poveri stracci che indossavano, nonostante la disperazione avevano ancora la forza di sorriderci e ringraziarci per tutto quello che facevamo per loro.

"La guerra è un male che disonora il genere umano", mi dicevo. "È una maledizione che dovrebbe ormai appartenere ad un tragico passato, e invece è ancora qui a distruggere la vita su questa terra."

Anche gli animali erano vittime della guerra. Nella grande marea di vite umane alla deriva nessuno aveva potuto occuparsi di loro. Cani e gatti continuavano ad aggirarsi intorno alle case vuote in cerca di una presenza umana, ma nessuno poteva far loro una carezza, allungare un boccone da mangiare. Morivano di fame e di sete. "Ma perché Dio è così lontano?" mi chiedevo "forse perché inorridito dalla violenza, dall'odio e dalle divisioni dei popoli, oppure è qui con noi in silenzio davanti alla catastrofe umana, fra le nostre preoccupazioni di ogni giorno per darci la forza di andare avanti?"

Ho visto un sacerdote cattolico lavorare assieme a due religiosi musulmani per portare aiuto ai profughi. Il loro esempio era il simbolo della speranza. Solo con la collaborazione delle diverse religioni, unite dall'amore universale predicato da Cristo, è possibile vincere l'odio e la violenza che dividono i popoli perché sulla montagna della verità c'è un solo Dio, una sola religione, una sola umanità.

Le dure fatiche alle quali eravamo sottoposti non erano nulla di fronte alle impellenti necessità e ai gravi problemi che aumentavano con il perdurare della guerra.

Eravamo tutti uniti in uno slancio di generosità per il prossimo che, di certo, nessuno di noi aveva mai sperato di possedere.

Stavamo vivendo un capitolo terribile della nostra vita, ma bisognava riuscire a non lasciarsi abbattere. Era l'occasione di impegnarci ancora di più nella solidarietà, quella silenziosa, capace di arricchire il nostro mondo interiore. Ci veniva offerta l'opportunità di mettere da parte l'arroganza e l'egoismo per far nascere dentro di noi una nuova speranza.

Conoscevo finalmente la vera generosità che spesso in altri ambienti è solo vanità. Dare senza aspettarsi niente in cambio e senza che nessuno lo noti ha un significato del tutto particolare. È donando se stessi, come fanno tutte le persone che ho conosciuto qui, che si diventa ricchi. Solo in mezzo al dolore e alla solitudine si capisce che l'amore di Dio e l'amore del prossimo sono due porte che si aprono insieme.

Non c'è uomo al mondo così povero che non possa donare qualcosa di sé. Sarebbe come se i ruscelli, che scendono dai monti, non avessero più acqua da donare al mare solo perché non sono grandi come i fiumi. Bisogna dare tutto quello che abbiamo, anche se è poco. Per qualcuno può rappresentare la salvezza.

Mi sono domandata molte volte, mentre riposavo sotto la tenda, perché Dio permette tanto strazio senza impedire alla mano omicida dell'uomo di uccidere. Forse è dal male che Lui può far nascere il bene. Gesù morì sulla croce per salvare l'umanità.

Quanti pensieri in quelle notti insonni fra il pianto dei bambini e le preghiere dei grandi.

Non avevamo più tempo per pensare alla nostra vita, dovevamo essere forti e sereni per riuscire a dare un po' d'amore a chi ce lo chiedeva.

Imparai a conoscere l'essere umano nel suo aspetto più vero: quello del dolore. E fu proprio il dolore che mi fece capire quanto poco rilevante fosse il mio che mi aveva portato sino a lì.

Ero venuta perché soffrivo per una persona che non mi amava più, ma che sapevo in buona salute e felice. Loro, invece, non avrebbero mai più potuto riabbracciare i loro cari che erano stati uccisi.

Avevo amato ed ero stata riamata. Poi tutto era finito, ma ero sicura che l'affetto di Paolo per me non era cessato. Marina non avrebbe potuto portarmi via tutto.

Avrei sempre avuto la possibilità di parlare con lui, di rivederlo. Dovevo solo accettare quello che tante volte ci eravamo ripetuti: "Se un giorno la nostra vita cambierà, ci scambieremo il dono più grande che può fare l'amore: la libertà".

E io quella libertà gliela avevo lasciata: la possibilità di amare un'altra donna senza sentirsi in colpa.

Mentre ero nell'inferno del Kosovo, un giorno accadde un fatto che cambiò completamente la mia vita. Arrivò al campo una lunga colonna di profughi. Pioveva, erano tutti bagnati, alcuni di loro pregavano, altri piangevano. Camminavano lentamente con i piedi nel fango, qualcuno agitava le braccia per chiedere aiuto. Andammo incontro a quella lunga fila di sofferenza.

Soccorsi una giovane donna che aveva il terrore negli occhi. La seguivano due bambini e un altro, più piccolo, lo portava tra le braccia. Le avevano ucciso il marito, era però riuscita a salvare i suoi due figli. Il terzo bambino l'aveva trovato tra le macerie di una casa. Era rimasto solo al mondo: il padre e la madre erano morti. Poteva avere più o meno due anni.

La donna l'aveva salvato portandolo con sé ed io ero la prima persona che poteva stringerlo al petto. I suoi occhi neri mi fissarono a lungo, le sue piccole mani strinsero le mie e in quel momento provai un'emozione che rimarrà indimenticabile per tutta la vita.

Era sporco, aveva fame, nel suo sguardo si leggevano smarrimento e paura.

Mi fece una tenerezza infinita, provai per lui amore, il bisogno di proteggerlo. Stringendolo forte al mio petto cercavo di trasmettergli lo stesso calore che avrebbe potuto dargli solo sua madre.

Non volli lasciarlo né per quel giorno, né dopo e, con il permesso e l'aiuto degli altri volontari, lo sistemai nella mia tenda. Forse ce n'erano tanti altri nelle sue stesse condizioni, ma Dio aveva portato lui fra le mie braccia: non avrei potuto più abbandonarlo. Le altre volontarie mi aiutavano a tenerlo pulito ed a nutrirlo.

Incominciò a sorridere e a pronunciare qualche parola incomprensibile. Era venuto dal nulla come una piccola foglia che il vento aveva strappato a un albero e trasportato lontano per salvarla dalla tempesta. Ripensai alla tomba etrusca di Tuscania che Paolo ed io avevamo chiamato "Porta del cielo", alla leggenda dei due innamorati e al bambino nella culla che era rimasto solo al mondo come quello che adesso stringevo tra le braccia.

Lo chiamai Cielo in ricordo di quel luogo dove tante volte mi ero fermata a meditare. Lui era per me la porta del cielo.

Dopo qualche giorno si abituò al mio viso, i suoi occhi incominciarono ad avere un'espressione serena e con il tempo sembrava capire quello che gli dicevo.

Potevo restare poco tempo con lui perché al campo c'era bisogno continuamente del nostro aiuto. I profughi che arrivavano erano sempre più numerosi.

Cielo incominciò a capire il significato delle mie parole, a ripeterle. Di notte lo guardavo mentre dormiva: il suo volto mi dava una grande serenità e la forza per andare avanti nella mia missione di volontaria.

Avrei voluto essere la sua vera mamma e raccontargli la storia di quel bambino che dorme da secoli nella profondità della terra a ricordare la storia dei due innamorati.

Un giorno Cielo mi corse incontro e per la prima volta mi chiamò "mamma".

Non c'è alcun fiore, in nessun giardino del mondo, bello come un bambino seduto sulle ginocchia della madre. Nel cielo ci sono stelle splendenti, sul fondo dei mari perle meravigliose, ma la bellezza del mondo è nel sorriso dei bambini.

Com'era stato buono Dio con me. Mi aveva concesso la gioia di sentirmi chiamare con il nome più dolce che esista. Una parola che vuol dire gioia, amore, sacrificio, fedeltà, comprensione.

Al campo di accoglienza ero ormai diventata per tutti la mamma di Cielo.

Nessuno si stupì quando incominciai ad informarmi sulle pratiche burocratiche che avrei dovuto presentare per ottenere il suo affidamento.

Non fu difficile, magari ci fossero state più mamme per tutti quei bambini rimasti soli al mondo!

Cielo diventò il mio bambino, potevo farlo crescere e decidere per il suo futuro.

Quelli della guerra erano stati giorni terribili, avevo visto migliaia di creature abbandonate a se stesse, avevo portato soccorso a feriti, a gente che aveva perduto tutto, a donne che erano riuscite a salvare miracolosamente i loro bambini.

Non dimenticherò mai la fede di quella gente

che di sera stendeva una coperta per terra e si ingi-
nocchiava a pregare mentre gli aerei continuavano
a bombardare.

Mi resi conto di quanto fosse carico di egoismo
il dolore che mi aveva portato sino a lì. Avevo pensato per giorni e giorni al distacco da Paolo, al fallimento del mio matrimonio, alla rivalità con Marina, al mio orgoglio di donna ferita e di madre
mancata.

Capii quanto fosse poco importante la mia storia di fronte a tanto dolore.

Ero lì perché credevo di essere ormai svuotata
di sentimenti e invece quella gente si aspettava da
me tutto l'amore del mondo. Io, che ne ero stata
privata, dovevo darlo agli altri perché ne avevano
estremo bisogno. Mi sentii nuovamente forte.

Nel nostro ambulatorio portarono gente sfinita
dalle sofferenze e dalla fame. Ho ancora davanti
agli occhi una ragazza di sedici anni in preda ad
una emorragia. Era stata violentata. Ricordo la disperazione di una madre che ci portò in una borsa
il suo bambino di pochi mesi. Disse che si era addormentato da ore e non voleva più svegliarsi. Era
morto.

Ho visto passarmi davanti agli occhi tutte le cat-
tiverie del mondo, ho ascoltato il pianto dei bimbi
e dei vecchi, mi sono interrogata più volte sul si-

gnificato della vita, sulla fede, sulla capacità dell'uomo di amare veramente.

Dopo due mesi e cinque giorni, il mio turno di volontaria era terminato. Nonostante avessi chiesto di rimanere, non mi venne concesso. Anche la solidarietà deve essere amministrata altrimenti rischia di creare confusione e scontento.

Sono a bordo della nave che mi riporta a casa e ho con me il bambino kosovaro salvato dall'inferno. È tutto mio, mi vuole bene, mi chiama mamma e sorride quando lo stringo fra le braccia. Ha appena due anni, capisce quasi tutto, però nei suoi occhi è rimasta la paura. Mi sta sempre vicino per timore di rimanere solo.

Ero partita per dare un senso alla mia vita, per cercare di dimenticare la mia storia e mi ero imbattuta in chi era stato la causa involontaria del fallimento del mio matrimonio: un bambino.

Ero un po' preoccupata per l'impegno che mi ero presa, consapevole che avrei dovuto affrontare tutto da sola, ma sapevo anche che Cielo era il figlio a cui avrei riservato tutto il mio bene e la mia protezione.

Mi venne in mente l'amore degli animali per i loro figli.

Quand'ero ragazza mi portarono in una vecchia cascina per mostrarmi una gatta che allattava quattro piccoli. Ma lo spettacolo più bello fu quello di scorgere in mezzo a loro un passero caduto dal nido e finito lì anche lui come una foglia portata dal vento. La gatta lo aveva accolto e lo teneva al caldo assieme alle sue creature.

Amavo ancora Paolo e nessun altro uomo avrebbe potuto prendere il suo posto nel mio cuore. Ci sarebbe stato sempre solo lui. Quell'amore così grande adesso non aveva più paura della solitudine e della sofferenza.

Era come se avessi dentro di me un gioiello prezioso da custodire in gran segreto che mi faceva sentire diversa dalle altre persone.

La nave continuava a solcare il mare e il mio bambino era con me sul ponte a guardare i gabbiani che seguivano l'imbarcazione con i loro richiami. Mi stringeva una mano e con l'altra indicava quei voli sul mare azzurro. Fra non molto saremmo arrivati nel porto di Brindisi e poi un'auto della Croce Rossa ci avrebbe accompagnati nella mia casa di Tuscania.

Ci restava ancora un bel pezzo di strada prima di arrivare, ma oramai la mia missione stava per concludersi. Ero felice per Cielo che era con me ed ero soddisfatta di quanto avevo potuto fare per coloro che stavano soffrendo.

La nave attraccò nel porto di Brindisi dove altri volontari erano in partenza per il Kosovo. Un veicolo della Croce Rossa ci attendeva. Caricai i bagagli e mi sistemai assieme a Cielo sui sedili posteriori.

Fu un lungo viaggio, a tratti dormivo per la stanchezza mentre Cielo riposava fra le mie braccia.

Quando la macchina entrò nella pianura ricca di campi di grano che dalla via Aurelia si estende sino a Tuscania, il mio cuore incominciò a battere forte perché rivedevo i luoghi dove ero passata tante volte. Mi apparivano ancora più belli, silenziosi, come se un velo fosse calato dal cielo per proteggerli. Rividi i lecci in schiere lunghissime che arrivavano sino alle mura della città.

Era la fine di maggio, nell'aria c'era il profumo di erba tagliata, la lana dei pioppi cadeva come neve sull'erba dei prati e le colline circostanti erano tutte in fiore.

Provai la stessa sensazione di quando si esce per la prima volta di casa dopo una lunga malattia. Ci si sente frastornati, incerti, ma felici di poter cam-

minare di nuovo fra la gente, nelle strade e, soprattutto, di essere tornati a vivere.

L'auto percorse l'ultimo tratto di collina e ben
presto apparve la mia casa in mezzo al verde dei
platani. Quando la lasciai gli alberi erano spogli.
Adesso le foglie la nascondevano alla vista e la
pianta di acacia emanava un profumo dolcissimo.

Sembrava che la natura si fosse impegnata ad
accogliermi nel migliore dei modi, per consolarmi
di tutto quello che avevo passato, per salutarmi.
Ero felice di essere tornata ma soprattutto appagata di aver potuto alleviare la sofferenza di tanta
gente nel Kosovo.

Scaricai i bagagli, sistemai il bambino su un di-
vano e tornai a salutare i funzionari della Croce
Rossa che erano stati molto premurosi con noi.

Che impressione strana mi fece il riavere un tetto sopra la testa. Cielo era frastornato più di me, si
guardava intorno incuriosito. Negli ultimi tempi
aveva cambiato tanti posti e non era ancora riusci-
to ad ambientarsi.

Correva da una stanza all'altra, era felice, aveva
capito che quella sarebbe stata la sua casa.

Tutto era in ordine come il giorno della partenza. Appena un velo di polvere si era depositato sui mobili e qualche tela di ragno pendeva dal soffitto.

Andammo sul terrazzo per ammirare la valle che era tutta verde. Mi abbandonai per un momento alla nostalgia, a quelle sensazioni che non provavo più da molto tempo.

Il mio bambino era vivo, giocava, rideva. "Perché, Dio, l'hai strappato dal seno di sua madre e l'hai portato fra le mie braccia? Me lo merito veramente? Tu hai da badare a boschi, stelle, mari, deserti, montagne. Perché hai voluto che lui fosse qui con me?"

Sembrò che Dio mi rispondesse:

Il cuore di una madre con la perdita del suo bambino non ha più niente. Ma la sua mamma è morta e lui sarebbe rimasto solo al mondo. Ecco perché è qui con te. Non chiedermi spiegazioni di tutto ciò che accade nel mondo perché non riuscirei ad esaudire la tua richiesta. Devi credere in me e in quello che faccio.

*L*a pianura era immensa, i resti etruschi segnavano il cammino del tempo, erano anche la testimonianza della creatività inesauribile dell'uomo.

Chissà quante storie sotto quella terra ingiallita e quanti bambini, frutto d'amore, addormentati nel silenzio eterno.

Cielo era seduto sul muretto, giocava con una foglia caduta. Come la sua vita, anche quella foglia si era staccata dall'albero e si era posata in silenzio dove le mani della provvidenza l'avevano adagiata.

Rimanemmo a lungo davanti a quello spettacolo seguendo dall'alto il movimento frenetico delle auto e delle persone che correvano nella pianura sottostante, cercando di guadagnare tempo per sbrigare i loro impegni.

La fretta, pensavo, ha sconvolto la nostra esistenza portandoci ad essere meno disponibili anche nei confronti del prossimo. Non ci rendiamo conto che la vita ha un altro calendario in cui la lunghezza e la brevità del tempo dipendono dai nostri dolori, dalle nostre gioie e dalla nostra capacità d'amare. Dopo questa pausa di riflessione tornai alla realtà e mi misi al lavoro per riordinare la casa.

Trovai la cassetta della posta piena di lettere. Fra tante, riconobbi subito quella di Paolo dal colore della busta. Era azzurra, con le sue iniziali in alto a sinistra. La presi, la rigirai più volte fra le mani prima di aprirla. Mi vennero in mente momenti della mia vita passata da confrontare con quelli che stavo vivendo adesso. L'aprii con un certo batticuore. Oltre alla sua lettera, dentro la busta c'era un altro foglio piegato: era senza dubbio di Marina.
Lessi la lettera di Paolo:

Cara Anna, come stai? Ti ho cercata tante volte da quel giorno che te ne sei andata. Volevo parlarti, ma non mi fu possibile. Ero preoccupato ed ho chiesto tue notizie a Carla. Mi sono tranquillizzato sol-

tanto quando ho saputo che eri partita per una lunga vacanza.

Ho *bisogno di parlare con te per capire che non stai soffrendo, che sei sempre la persona forte e generosa che ho conosciuto.*

Vedi, in alcune cose non sono cambiato, sono rimasto il solito egoista, lo riconosco, anche se tu hai sempre trovato il modo di non farmelo capire e pesare.

Io ti vorrò sempre bene per quello che c'è stato fra noi, per quello che hai dimostrato di essere e per l'amore che mi hai dato.

Vedi, Anna, se io sono l'uomo che sono lo devo a te, al tuo amore, alla tua forza e alla tua umanità.

Senza di te sarei diventato uno dei tanti uomini che non hanno il coraggio di dire la verità. Tu non avresti voluto questo. Mi hai sempre insegnato ad essere leale.

Ce ne sono tanti, sai, che vivono di compromessi. Trascorrono la vita senza felicità, senza valori aspettando che una volta o l'altra tutto cambi e invece si ritrovano vecchi con le mani vuote.

La vita è piena di dolori, rimpianti, ma anche di cose belle come l'azzurro del cielo, la luce del sole, il verde della valle, lo sguardo di un bambino.

Soffrire non basta, bisogna essere in contatto con le cose buone che sono dentro di noi e intorno a noi. Se non siamo felici e in pace con noi stessi, non possiamo dividere questi sentimenti con gli altri, nemmeno con coloro che amiamo, che vivono sotto il nostro stesso tetto.

Ogni minuto, ogni secondo della nostra vita sarebbe perduto. Dovunque ci troviamo, in qualunque momento, dovremmo essere felici per poter sorridere agli altri.

Nella vita quotidiana i nostri passi portano il peso di ansie e paure. Eppure la terra è splendida, scenari meravigliosi si aprono intorno alle strade di campagna che tante volte abbiamo percorso andando a cercare i mobili per la nostra casa.

Ricordi la tomba che chiamammo "Porta del cielo"? Forse nell'affresco al suo interno era già scritto il nostro destino. Il sorriso dell'uomo e della donna che si tengono per mano rappresenta l'amore eterno, quello che non finisce mai, neanche se vai lontano, al di là del mondo; il bambino nella culla è la creatura che hai tanto desiderato. Gli occhi di quel bambino sono la speranza che quel sogno si avveri in qualsiasi modo, sotto qualsiasi cielo, sulla riva di mondi sconosciuti.

Per me quel sogno si è avverato: sono diventato padre di una bella bambina. So che quello che ti sto dicendo può farti molto male perché è il motivo principale per il quale tu hai rinunciato a combattere per salvare il nostro matrimonio. Hai sacrificato te stessa per darmi la possibilità di avere questo dono da un'altra donna. Non saprò mai come ringraziarti.

Il pensiero di te mi accompagna e a volte penso che la mia vita trascorra nell'attesa di te, ma so che non è più possibile. Passo intere notti a pensare e mi addormento solo all'alba quando i miei occhi sono stanchi.

Se in una vita futura avremo la fortuna di incontrarci, mi fermerò stupito a guardarti e riconoscerò nei tuoi occhi quel cielo lontano.

In questo momento, mentre leggi la lettera, ti starai ponendo molte domande, vorresti sapere tutto ma, credimi, non è così facile per me parlartene e capirai il perché.

Non ho il coraggio di dirti cose che potrebbero amareggiarti ancora di più. Con il mio egoismo ti ho umiliato già abbastanza. Ti chiedo di perdonarmi, se puoi, per tutto ciò che non ho saputo essere.

Il foglio piegato che troverai nella busta è di Marina.

Un abbraccio. Paolo

Rimasi per qualche attimo a pensare. Cielo si era addormentato sopra il tappeto del soggiorno. Andai fuori a sedermi sulla terrazza. Rilessi più volte la lettera di Paolo per capire fra le righe che cosa nascondeva il suo animo. C'era un certo tormento, ma anche la gioia di aver avuto un figlio. Avrei voluto essere vicina a lui, guardarlo negli occhi mentre mi parlava come accadeva un tempo.

Mi feci coraggio e lessi la lettera di Marina.

Cara Anna, non so come incominciare queste po-

che righe che sento il bisogno di scriverti. Quel giorno me ne sono andata di casa perché non avevo il coraggio di dirti la verità. Non sarebbe stato facile per entrambe parlarci. Mi vergognavo per quello che stavo provando e per la gravidanza che cercavo di nasconderti.

Sapevo già di aspettare un bambino, ma non trovavo il coraggio di dirtelo.

Non avrei voluto che accadesse quello che, invece, irrimediabilmente si è verificato. L'amore non conosce frontiere e spesso va oltre senza darti la possibilità di riflettere.

Non volevo farti del male. Eri la persona più cara che avessi, mi avevi cresciuta, amata, aiutata. Io devo a te la mia vita e ora mi ritrovo ad essere la causa del tuo dolore.

Mi sono innamorata di Paolo, senza accorgermene, senza volerlo. Ho lottato, avevo anche deciso di andarmene, ma non ce l'ho fatta.

È stato come un vento di primavera che è venuto a sconvolgere le foglie del mio giardino e senza ritegno e paura mi ha trascinata al di là del confine della ragione.

Ho capito che cosa vuol dire amare. Significa avvertire un vuoto allo stomaco quando vedi la persona amata, soffrire e gioire, sentirsi diversa come se dentro di te si fosse risvegliata un'altra persona. Non ti chiedi più nulla: ami, sogni, speri. Ho creduto in Paolo, non chiedevo altro che il suo amore, volevo essere importante per lui come lui lo era per me. *Sono diventata la sua amante, argomento di scandalo, di battute e di commiserazione.*

Ho sopportato sguardi e offese della gente, ho pianto tante volte in silenzio per tutto quello che dovevo subire e mi sono sentita colpevole, irrimediabilmente colpevole di aver agito male.

Nello studio di Paolo si erano accorti tutti di quello che stava accadendo e ogni giorno erano sguardi, insinuazioni, domande, allusioni. Lo sa Dio quanto ho dovuto sopportare per portare avanti la mia storia. Più di una volta avrei desiderato sparire dalla faccia della terra, ma l'amore per lui era così grande che mi dava il coraggio di sentirmi al di sopra di tutto.

Le bugie, le falsità con le quali avevo imparato a convivere servivano a difendere il mio segreto, la cosa più bella che avevo al mondo.

Soltanto chi c'è passato potrà capire quanto coraggio deve avere una persona in questa situazione. Per molti io ero solo colei che aveva portato via il marito a un'altra donna.

Ti prego, Anna, non leggere quello che ti dico come se fossero soltanto parole scritte per sentirmi a posto con la coscienza oppure per farmi perdonare.

Desidero solo il supremo conforto della comprensione. Questa è la preghiera che ti rivolgo. Ho bisogno di questo per vivere e soffrire all'altezza della tua dignità offesa.

Ti ho voluto bene e, anche se può sembrare assurdo, te ne voglio ancora.

Non sorridere amaramente se ti dico che mi manchi.

Tu sei stata leale, forte, non ti sei comportata come la maggior parte delle mogli avrebbe fatto. Non hai pensato che tutto ti era dovuto: una casa, un letto, una vita pubblica. Tu hai capito. Non ti sei voluta cullare nel tuo benessere, non hai proibito a noi di amarci e soprattutto non ti sei vantata nei miei confronti di essere una persona perbene e stimata. Grazie! Altre mi avrebbero cacciata via rendendomi la vita impossibile per non perdere quanto avevano conquistato.

Non ci si innamora di una persona perché lo si vuole, così come non si può smettere di amarla perché la morale lo vieta.

Io non ho avuto la forza di andarmene quando ho capito di amare Paolo.

Per tutto quello che sei stata per me, per il tuo grande amore, ho voluto che nostra figlia portasse il tuo nome: Anna.

Spero che ne sia degna. L'augurio che posso farle come mamma è quello di assomigliarti nell'anima e di diventare uguale a te.

Se puoi, continua a non disprezzarmi, te ne supplico. Noi ti dobbiamo la nostra felicità così come te la deve questa bambina...

Non volli continuare a leggere. Avevo capito che Marina e Paolo si amavano ed erano felici.

Avevano bisogno della mia benedizione per essere in pace con la coscienza e io ero pronta a dar loro la benedizione che cercavano.

Avrebbero dovuto capire, conoscendomi, che non provavo nessun rancore e che sarebbero sempre rimaste le persone più importanti della mia vita. Avevo insegnato ad entrambi che ci si deve adattare agli eventi a cui il destino ci mette di fronte.

L'amore che dai lo doni perché è in te, perché ti fa piacere donarlo. Anche la verità è in te e devi avere il coraggio di dirla sempre a costo di fare del male.

Paolo non mi amava più e io non potevo continuare a rimpiangere ciò che era stato.

Avevo creduto di donare amore, avevo sperato di trovare amore, ma il mio sogno era finito prima dell'alba.

Mi sono convinta, attraversando la selva buia della mia esperienza, che l'amore non va mai perduto. Cambia forse col tempo, ma non si esaurisce.

Avevo con me la testimonianza dell'immenso dono che il destino aveva posto fra le mie braccia: il mio bambino.

Mi ero dimenticata di lui mentre ero intenta a leggere le lettere e il ritrovarlo lì, per terra, rannicchiato sopra il tappeto, mi aveva riportato alla realtà.

Lo presi fra le braccia, lo strinsi a me, lo accarezzai. I suoi occhi mi sorrisero e in quel sorriso ritrovai la serenità.

Ringraziai Dio per la sua infinita bontà. Mi aveva fatto trovare il figlio che avevo tanto desiderato senza ferire nessuno.

Cielo non era il dono d'amore che avrei voluto offrire alla persona che amavo, ma era il dono nato dalla sofferenza per guarire un'altra sofferenza. Era il figlio di un amore indubbiamente più grande.

Oggi la mia vita ha ripreso il suo ritmo normale.

Cielo è diventato un bellissimo bambino. È sereno, è felice e sono sicura che non ricorda le atrocità che ha dovuto subire.

I suoi occhi neri ora sorridono. Non ci sentiamo soli, abbiamo riscoperto quella serenità che mio padre aveva sempre sperato che io trovassi. Mai come oggi capisco il significato e il valore di quelle parole che mi disse quando me ne andai da casa:

Anna, ci stai lasciando, non tornerai più con noi, ormai sei una donna. Io so che presto l'affetto che hai riversato su di noi lo trasferirai, ancora più intenso, sull'uomo che avrà la fortuna di amarti.

Non ho bisogno di ricordarti che il valore più grande della vita è l'amore. Non avere mai paura di amare anche se ti farà soffrire.

Cerca una tua serenità perché soltanto se sarai in pace con te stessa potrai affrontare il mare burrascoso della vita.

Ricordati sempre che noi ti ameremo anche se sarai lontana. Anche se i tuoi pensieri andranno altrove, tu sarai sempre l'unica nostra fonte di vita, il bene più caro.

Anche lui sarebbe felice oggi di essere assieme a noi: mia madre è venuta ad abitare qui e ci sentiamo molto uniti. È riuscita a dissipare i miei timori e con lei accanto mi sento protetta e sicura. Non mi spaventa allevare Cielo senza un padre.

Ci sono momenti durante la giornata che mi riportano all'infanzia, avverto il calore e l'amore con il quale sono stata cresciuta.

Mia madre chiama Cielo "il mio bambino". Dedica le sue giornate interamente a lui. È bello osservarlo mentre è incantato e aspetta che la nonna finisca di raccontare una favola. Poi sorride felice e batte le sue piccole mani.

Manca solo Paolo in questa casa. Nonostante tutto, lui è sempre rimasto nel mio cuore. Penso anche a Marina, e a come la vita mi abbia impedito di camminare al loro fianco. Ho sempre un sorriso triste quando li ricordo.

Non ho parlato a Paolo del bambino e ancora mi chiedo se ho fatto bene o male. Ma la risposta rimarrà sempre la stessa: perché?

Ho ritrovato i vecchi amici che mi vengono a trovare. Ho raccontato loro la mia storia e quella di Cielo. Non hanno fatto commenti, non hanno chiesto spiegazioni. Mi danno una mano perché possa ricominciare a vivere, ho ripreso l'insegnamento e ho sistemato la casa in modo che tutti abbiano la loro libertà. Il bambino ha la sua cameretta con le finestre che danno sulla pianura, mia madre dorme al piano di sopra e io nella camera accanto a quella di Cielo.

La mia storia è terminata. È stata lunga, sofferta, in certi momenti molto dolorosa, ma sempre piena d'amore e di speranza.

Un giorno, mentre scrivevo, notai sul lato esterno dei vetri un ragno che tesseva lentamente la sua tela. Faceva molta fatica perché il vento smuoveva il ventaglio della tessitura e lui cercava con tutte le sue forze di rimanere attaccato a un filo esile. Lottava disperatamente per salvare la sua creazione nata dall'amore.

Corsi a chiamare Cielo, gli mostrai il ragno e gli spiegai che quella tela lucente era più resistente dell'acciaio e che l'opera di quella piccola creatura era il simbolo della sacralità della vita che va difesa a tutti i costi.

Quella visione mi sembrò un augurio: che la vita di Cielo potesse essere sempre al sicuro. Per me rappresentava l'impegno di far crescere il bambino che Dio mi aveva posto fra le braccia.

Ho incominciato questa mia storia con dei versi di Tagore che sembravano scritti per me. In quello stesso libro ne ho trovati altri che si adattano alla sua conclusione.

Il bambino chiede: «Da dove sono venuto? Dove mi hai trovato e raccolto?». La mamma ascolta e sorride mentre lo stringe al petto: «Eri un desiderio dentro al cuore».

L'amore che dai lo doni perché è in te, perché ti fa piacere donarlo. Anche la verità è in te e devi avere il coraggio di dirla sempre a costo di fare del male.

Indice

BUR
Periodico settimanale: 17 aprile 2002
Direttore responsabile: Evaldo Violo
Registr. Trib. di Milano n. 68 del 1°-3-74
Spedizione in abbonamento postale TR edit.
Aut. N. 51804 del 30-7-46 della Direzione PP.TT. di Milano
Finito di stampare nell'aprile 2002 presso
lo stabilimento Grafica Pioltello s.r.l.
Seggiano di Pioltello (MI)
Printed in Italy

ISBN 88-17-12890-2